数字广告系列团体标准汇编

上海市广告协会　编

中国出版集团　东方出版中心

图书在版编目（CIP）数据

数字广告系列团体标准汇编 / 上海市广告协会编.
上海：东方出版中心，2025. 6. -- ISBN 978-7-5473
-2665-7

I. F713.8-39

中国国家版本馆CIP数据核字第2025BK1570号

数字广告系列团体标准汇编

编　　者　上海市广告协会
责任编辑　荣玉洁
装帧设计　余佳佳

出 版 人　陈义望
出版发行　东方出版中心
地　　址　上海市仙霞路345号
邮政编码　200336
电　　话　021-62417400
印 刷 者　徐州绪权印刷有限公司

开　　本　890mm×1240mm　1/16
印　　张　5.75
字　　数　150千字
版　　次　2025年6月第1版
印　　次　2025年6月第1次印刷
定　　价　65.00元

目　录

数字广告　第 1 部分：总则 [1)]···1

数字广告　第 6 部分：搜索广告发布要求··23

数字广告　第 7 部分：数字户外广告发布与评估规范···35

数字广告　第 8 部分：数字电视广告内容技术规范···47

数字广告　第 9 部分：数字音频广告内容技术规范···59

数字广告　第 10 部分：梯媒广告发布管理规范···73

1）　"数字广告　第 1 部分：总则"由原《数字广告》系列团体标准中的"第 1 部分：总则""第 2 部分：行为规范""第 3 部
　　分：内容审核指引""第 4 部分：用户信息保护"及"第 5 部分：数据应用和安全"整合修订而成。

ICS 03.080.20
CCS A 10/19

T/SHAA

上 海 市 广 告 协 会 团 体 标 准

T/SHAA 0002.1—2024
代替 T/SHAA 000201—2021

数字广告
第 1 部分：总则

Digital Advertising Part 1: General Rule

2024-08-28 发布　　　　　　　　　　　　　2024-09-01 实施

上海市广告协会　发 布

目　次

1 范围 ……………………………………………………………………………………………… 5

2 规范性引用文件 ………………………………………………………………………………… 5

3 术语和定义 ……………………………………………………………………………………… 5

4 数字广告分类 …………………………………………………………………………………… 6

5 基本要求 ………………………………………………………………………………………… 6

　5.1 服务相关方 ………………………………………………………………………………… 6

　5.2 服务行为 …………………………………………………………………………………… 7

　5.3 业务管理 …………………………………………………………………………………… 7

　5.4 个人信息保护 ……………………………………………………………………………… 8

　5.5 数据应用安全 ……………………………………………………………………………… 8

6 服务要求 ………………………………………………………………………………………… 8

　6.1 服务需求了解 ……………………………………………………………………………… 8

　6.2 合同签订 …………………………………………………………………………………… 8

　6.3 广告内容审核 ……………………………………………………………………………… 9

　6.4 广告策划创作 ……………………………………………………………………………… 10

　6.5 广告投放发布 ……………………………………………………………………………… 10

　6.6 广告发布后服务 …………………………………………………………………………… 11

7 服务评价与改进 ………………………………………………………………………………… 11

　7.1 评价 ………………………………………………………………………………………… 11

　7.2 改进 ………………………………………………………………………………………… 11

附录A（规范性）数字广告服务中的个人信息保护 …………………………………………… 12

　A.1 用户权利保护 ……………………………………………………………………………… 12

　A.2 信息处理相关方 …………………………………………………………………………… 12

　A.3 个人信息保护原则 ………………………………………………………………………… 13

　A.4 个人信息保护措施 ………………………………………………………………………… 13

　A.5 个人信息保护规则 ………………………………………………………………………… 14

　A.6 敏感个人信息处理 ………………………………………………………………………… 15

　A.7 个人信息跨境提供 ………………………………………………………………………… 16

附录B（规范性）数字广告服务中的数据应用安全 …………………………………………… 17

　B.1 数据应用原则 ……………………………………………………………………………… 17

　B.2 数据应用环节与应用场景 ………………………………………………………………… 18

数字广告
第 1 部分：总则

1 范围

本文件规定了数字广告的分类和数字广告服务的基本要求、服务要求及服务评价与改进的要求。

本文件适用于长三角区域内各类提供数字广告的相关方审查、策划创作、代理发布等服务的自然人、法人或其他组织开展的数字广告服务。

2 规范性引用文件

下列文件中的内容通过文中的规范性引用而构成本文件必不可少的条款。其中，注日期的引用文件，仅该日期对应的版本适用于本文件；不注日期的引用文件，其最新版本（包括所有的修改单）适用于本文件。

GB/T 35273-2020 信息安全技术 个人信息安全规范

GB/T 37964-2019 信息安全技术 个人信息去标识化指南

3 术语和定义

下列术语和定义适用于本文件。

3.1

数字广告 digital advertising

建立在计算机技术和网络技术基础上，将广告信息由计算机二进制编码存储和表现，通过数字信号传输，可实现精准推送、实时交互通信和反馈的广告活动。一切在媒体购买交易、投放发布、效果监测及优化等环节上可运用数字技术的广告活动都属于数字广告。

3.2

用户画像 user profiling

通过收集、汇聚、分析个人信息，对某特定自然人个人特征，如职业、经济、健康、教育、个人喜好、信用、行为等方面作出分析或预测，形成其个人特征模型的行为。

3.3

程序化购买 programmatic buying

基于自动化系统（技术）和数据来进行的广告投放。该方式支持根据广告主定义的期望受众，系统帮其找出优选的媒体来购买受众，为广告主提出最优媒介采买计划，以运用计算机软件进行自动化购买的方式执行，并按照期望的周期反馈监测结果，并对后续投放进行优化。

3.4

一手数据 primary data

称为原始数据，是指通过用户许可获得的用户网络访问行为、网络交流、交易行为等数据，通过监测获得的广告相关的数据等。

3.5

二手数据 secondary data

由其他机构收集、整理出来的数据，通过查找或购买等方式获取。二手数据可分为第一方数据、第二方数据、第三方数据。

3.6

数据安全事件 data security event

有关数据处理时出现的规模性异常，即为数据安全事件。包括但不限于：数据泄漏、数据泄密、数据篡改、数据丢失、黑客攻击、人为破坏、软硬件灾难性事故等。

4 数字广告分类

数字广告可按其代表性形态进行分类，见表1。

表 1 数字广告分类

媒介类型	媒介形式	呈 现 形 态
互联网广告	门户网站广告	横幅（Banner）广告、文字链接广告、网页弹窗广告、电子邮件广告等
	搜索引擎广告	关键词广告、竞价排名广告、地址栏搜索广告、网站登录广告等
社交媒体广告	信息流广告	推文广告、短视频广告、小程序广告、HTML5广告等
	非信息流广告	直播带货、开屏广告、插屏广告、激励视频广告等
户外数字广告	传统内容形式	数字户外屏广告、数字楼宇广告、梯媒数字广告、车载数字广告等
	新型内容形式	互动装置广告、AR/VR广告、裸眼3D广告等
其他数字广告形态	数字可穿戴设备广告、二维码广告、电商平台广告、数字藏品、品牌虚拟人、互联网植入式广告等	

5 基本要求

5.1 服务相关方

5.1.1 应遵循相关方分责原则。广告服务相关方的身份、行政许可、举证内容等证明文件应真实、合法、有效。对广告服务的内容真实性和资格合法性负责。

5.1.2 应负责核对广告内容，对内容违法或证明文件不全，进行网络刷单、数据造假、欺骗客户的广告，不应提供设计、制作、代理和发布等服务。如因未核对、未制止而造成违法广告和虚假广告发布的，应承担相应责任。

5.1.3 应依法订立书面合同，建立、健全数字广告业务的承接登记、审查、档案管理制度，并建立定期抽检制度。

5.1.4 数字广告服务应建立外部投诉处理机制，包括但不限于：

    a）对用户投诉，应及时查验投诉人主体身份，且核实相关投诉材料；

    b）及时收集被投诉广告信息、投诉商家信息、投诉商品信息等；

    c）检查前端广告和落地页展示内容是否与商品或服务相符；

    d）应将用户诉求及相关信息告知被投诉方，要求被投诉方在指定期限内给予回应。

5.2 服务行为

5.2.1 诚信经营

5.2.1.1 应诚信合规经营。各广告服务主体在合同制定、签订和执行中不应欺骗客户。

5.2.1.2 应提供真实案例。不应以造假的案例或部分参与的成功案例作为全案介绍，以谋取交易机会或竞争优势。

5.2.1.3 应据实留存信息。广告经营与运营过程中的档案、数据应妥善保存，不应进行编造、篡改。

5.2.1.4 应严守合同约定。不应拖欠广告服务主体及其合作者之间的经营款项。不应以格式条款排除对方主要权利，使广告业务合同条款显失公平合理。

5.2.1.5 应使用合法素材。在设计、制作及发布广告过程中应使用合法素材，不应使用侵权的视频、图片、字体等素材。

5.2.1.6 应反对广告欺诈。不应人为进行流量造假和行为作弊，不应通过各类技术手段制造异常流量，获得广告收入，欺骗客户。

5.2.2 公平竞争

5.2.2.1 广告服务竞争应遵循自愿、平等、公正原则。

5.2.2.2 广告服务竞争不应采取不正当方式，包括但不限于：

    a）在广告招投标中串标或陪标；

    b）通过恶意低价竞争获得客户；

    c）滥用市场支配地位或借助行政权力排除、限制竞争；与其他经营者签订垄断协议，排除、限制竞争；

    d）采用商业贿赂谋取交易机会或竞争优势；

    e）以盗窃、贿赂、欺诈、胁迫、电子技术侵入、教唆、引诱等非合法方式获取他人客户资料、数据库，侵犯商业秘密；

    f）利用网络技术干扰、损害他人合法的广告活动。

5.3 业务管理

5.3.1 制度保障

5.3.1.1 广告服务主体应按照国家有关规定，建立、健全广告业务的承接登记、审核、档案等管理制度。

5.3.1.2 通过管理、技术、人员等防范制度加强合规审查和伦理审查。

5.3.2 人员管理

5.3.2.1 广告服务主体应合理配备广告服务业务各环节的管理人员，明确其职责。

5.3.2.2 广告监管部门在核查相关广告内容时，广告服务主体应及时提供广告服务主体负责人或广告审查员的姓名、联系电话等信息。

5.3.3 设备管理

在广告服务过程中，专职人员所使用的电脑、服务器、移动设备、数据线路等，应专配专用，注意日常维护，保证所存档案与数据的安全。

5.3.4 档案管理

各种档案与数据的保存年限应按照有关的法律法规执行。

5.4 个人信息保护

广告服务主体在提供服务过程中应对个人信息进行保护，应符合附录 A 的要求。

5.5 数据应用安全

广告服务主体在提供服务过程中涉及的数据使用应符合相关法律法规要求，通过相关认证和审计，接受指定第三方的监督与检查，保障数据应用安全，应符合附录 B 的要求。

6 服务要求

6.1 服务需求了解

6.1.1 数字广告服务各相关方在提供服务前，应充分了解服务对象的需求。

6.1.2 数字广告服务需求应包括但不限于：

  a）广告主需要通过数字广告投放推广的产品或服务的详细信息、广告主品牌的详细信息、目标消费者的消费者洞察等；

  b）竞争对手的策略、广告表现、媒体投放活动情况等；

  c）项目的时间要求；

  d）项目的预算要求；

  e）项目的投资回报率要求及计算方式；

  f）其他特定的要求。

6.2 合同签订

6.2.1 在数字广告活动中，广告主应委托具有合法经营资格的广告经营者和／或广告发布者制作和发布广告，并与广告经营者和／或广告发布者依法订立书面合同。

6.2.2 合同签订应遵循平等自愿原则。合同不应用格式条款排除对方主要权利，使合同条款显失公平合理。

6.2.3 合同内容至少应明确以下内容：

  a）各签约方的权利和义务，注明广告服务机构的角色是代理还是客户委托人代表，以及相应的广告审查权与责任；

  b）商品或服务的名称；

  c）数字广告的展示形式、投放媒体名称及监测方式，涉及媒体投放的内容，应列出媒体购买的清单和媒体发布排期表；

    d）结算方式和服务周期，注明广告服务主体提供的服务项目（如广告活动策划）的收费价格、支付方式和支付日期或周期；

    e）消费者投诉处置方式；

    f）知识产权保护和保密责任；

    g）违约责任等。

6.2.4 签约方名称应与其营业执照上的单位名称保持一致。广告内容应与其营业执照的业务范围保持一致。

6.2.5 合同应以书面形式进行签订。特殊情况需采用信件和数据电文（包括电报、电传、传真、电子数据交换和电子邮件）等形式签订合同时，宜以书面形式进行最终确认。

6.2.6 合同应由企业法定代表人或法定代表人授权代表签字，且加盖单位公章或合同章。法定代表人授权代表应有书面授权委托书。法定代表人授权代表的个人身份证明、授权委托书与合同书应一同使用，以保证签订合同的有效性。合同、营业执照复印件和法定代表人身份证明、授权委托书等材料应一同存档保管。保存时限自数字广告发布终止之日起应不少于 2 年。

6.3 广告内容审核

6.3.1 审核范围

应针对需标注"广告"标识的数字广告，重点审核广告内容是否合法合规，是否违背社会良好风尚，是否存在错误导向，是否违反数字广告媒体平台规则等。

6.3.2 审核原则

应坚持合法合规，无错误导向，符合社会良好风尚，倡导社会主义核心价值观，保护消费者合法权益，贯彻审慎包容的审核理念，营造规范有序的数字广告环境，促进数字广告的健康发展。

6.3.3 审核方式

6.3.3.1 可全部采取人工审核的方式或人机协作审核方式（即人工审核和机器审核的配合）。

6.3.3.2 不宜采取全部使用机器审核的审核方式。

6.3.4 审核流程

6.3.4.1 机器审核

数字广告媒体平台应利用技术手段对广告内容进行初步筛查，识别违法违规信息。

6.3.4.2 人工审核（抽查）

对通过机器审核的广告内容，数字广告媒体平台应按照一定比例或标准进行人工抽查，确保广告内容合法合规。

6.3.4.3 用户投诉复审

对于用户投诉的广告内容，数字广告媒体平台在收到投诉后应在规定的时限内启动复审程序，并根据复审结果采取相应措施。

6.3.4.4 审核结果处理

未通过审核的广告作品，数字广告媒体平台应及时退回广告主或广告经营者修改。修改后的广告作品应重新提交审核，通过后方可发布。

6.4 广告策划创作

6.4.1 广告主应提供真实、准确的产品或服务信息。

6.4.2 广告策划创作应遵循真实性、合法性、创意性原则，不应含有虚假或误导性内容，不应违反法律法规和社会公序良俗。

6.4.3 广告内容应尊重知识产权，不应侵犯他人著作权、商标权、专利权等合法权益。

6.4.4 广告策划创作应体现社会责任，避免含有歧视、暴力、低俗等不良信息。

6.4.5 广告策划创作应基于事实，不应夸大或虚构产品的功能、效果等。

6.4.6 广告策划创作应符合《中华人民共和国广告法》《互联网广告管理暂行办法》等相关法律法规，不应含有法律禁止的内容。

6.5 广告投放发布

6.5.1 投放发布要求

6.5.1.1 以电子信息方式发送数字广告的，应明示发送者的真实身份和联系方式，且告知拒绝继续接收的方式。

6.5.1.2 应提供真实的点击率、播放量等数据资料。

6.5.1.3 数字广告应具有可识别性，显著标明"广告"标识。不应以欺骗、诱使等方式导致用户点击广告内容。不应未经允许，在向用户发送的电子邮件中附加广告。

6.5.1.4 在互联网页面以弹出等形式发布的数字广告应显著标明关闭标志，可一键关闭。

6.5.2 投放发布监测要求

6.5.2.1 数字媒体发布广告应使用符合国家和团体标准的广告监测技术，用于识别曝光与否，以保证监测数据和实际曝光的一致性、准确性和透明性。

6.5.2.2 广告服务中数字媒体投放及其曝光、点击、转化、互动、结果优化等效果数据，可采用投放媒体自身提供的评估数据，宜采用经过第三方验证和测量的数据。

6.5.2.3 数字媒体方应向合作方（如广告主和广告经营者）提供真实的广告投放验证数据，同时向数字广告监测平台传输必要的数据。传输的广告数据应真实、准确，不应虚构或隐瞒。

6.5.2.4 数字广告监测平台应对收集汇总的广告行为数据进行清洗、分析、挖掘和处理，应及时排除无效或异常流量。

6.5.2.5 在数字广告投放过程中，各环节的参与机构应在其参与的流程中对异常流量进行检测和过滤。各参与机构应积极合作，保障广告投放过程在各环节被完整监控且可追溯。

> 注：数字广告投放各环节的参与机构包括但不限于数字媒体、供给方平台、广告交易平台、需求方平台、数字广告监测平台、广告主等。

6.5.2.6 数字媒体、数字广告监测平台及广告经营者中的任意一方发现异常流量，应第一时间向其他合作方提出启动异常流量排查申请，且将收到的数据发给其他合作方。

6.5.2.7 数字媒体、广告经营者、数字广告监测平台应成立异常流量调查小组，对异常流量进行联合调查，并通过分析异常流量完善反作弊算法。

6.5.2.8 广告监测过程中采集的数据应以数据采集原始格式在媒体至少保存 6 个月。向数字广告监测平台传输的数据应以数据传输原始格式在数据接收方至少保存 6 个月。

6.5.2.9 广告监测过程中采集的数据中包含个人信息的，应符合相关法律法规和标准的要求。

6.6 广告发布后服务

6.6.1 数据监测

6.6.1.1 应持续监测广告的投放效果，包括点击率、转化率、曝光量等关键指标。

6.6.1.2 应对异常流量进行检测和过滤，确保广告投放数据的真实性和有效性。

6.6.1.3 发现异常流量时，数字媒体、广告经营者和数字广告监测平台应立即启动联合调查，确保问题得到及时解决。

6.6.1.4 数字媒体和广告经营者应将收集的广告投放效果数据提供给广告主。

6.6.2 用户反馈与投诉处理

6.6.2.1 应建立有效的用户反馈机制，及时处理用户对广告内容的投诉和建议。

6.6.2.2 应对用户反馈进行分析，优化广告内容和投放策略。

7 服务评价与改进

7.1 评价

广告投放结束后，应对广告投放效果、用户反馈、异常流量处理情况等进行分析，对广告主满意度和用户体验进行评价。

7.2 改进

7.2.1 应定期评估广告效果，改进广告内容和投放方式，保障广告投放效果的持续优化和提升。

7.2.2 应持续优化数字广告服务，对服务过程中存在的问题、投诉与建议进行分析和改进。

附　录　A

（规范性）

数字广告服务中的个人信息保护

A.1　用户权利保护

A.1.1　数字广告服务中收集和使用的自然人个人信息应遵循合法、正当、必要和最小化原则。个人信息处理目的应明确，处理活动应限于与处理目的直接相关的范围，并应经数字广告用户知情同意。

A.1.2　应允许数字广告用户通过显著方式、清晰易懂的语言行使以下权利：

　　a）限制、拒绝或撤回对其个人信息的处理授权；

　　b）查阅、复制其个人信息及处理规则；

　　c）更正、删除不准确或不完整的个人信息；

　　d）要求个人信息处理者解释说明处理规则。

A.1.3　数字广告用户个人请求将个人信息转移至其指定的处理者，符合国家网信部门规定条件的，个人信息处理者应提供转移的途径。

A.1.4　在以下情形中，数字广告用户个人信息处理者应主动删除用户个人信息。未删除的，应允许数字广告用户个人删除的请求，包括：

　　a）处理目的已实现、无法实现或者为实现处理目的不再必要的，用户个人请求删除；

　　b）个人信息处理者停止提供产品或者服务，或者保存期限已届满的，用户个人请求删除；

　　c）用户个人撤回同意，请求删除；

　　d）个人信息处理者违反法律、行政法规或者违反约定处理个人信息时，用户个人请求删除；

　　e）法律、行政法规规定的其他情形。

特殊情况如在法律法规和政策规定保存期限未满，或存在删除个人信息技术难度的，个人信息处理者应停止储存，采取必要的安全保护措施之外的处理方式。

A.1.5　应允许数字广告用户个人要求个人信息处理者对其处理规则进行解释说明。

A.1.6　数字广告用户个人撤回同意后，个人信息处理者应立即停止处理相关个人信息，但不影响撤回前的处理活动。

A.2　信息处理相关方

A.2.1　个人信息处理者

A.2.1.1　应制定必要的安全技术措施。

A.2.1.2　应定期对其个人信息处理活动进行合规审计。

A.2.1.3　对处理敏感个人信息、利用个人信息进行自动化决策、对外提供或公开个人信息等高风险处理活动，应进行事前影响评估。

A.2.1.4　应履行个人信息泄露通知和补救义务。

A.2.2　互联网平台

A.2.2.1　应按照国家规定，建立健全个人信息保护合规制度体系。

A.2.2.2 应成立主要由外部成员组成的独立机构进行监督。

A.2.2.3 应遵循公开、公平、公正的原则制定平台规则。

A.2.2.4 应对严重违法处理个人信息的平台内产品或服务提供者停止提供服务。

A.2.2.5 应定期发布个人信息保护社会责任报告并接受社会监督。

A.2.2.6 从业人员规模大于 200 人、处理超过 100 万人的个人信息、处理超过 10 万人的个人敏感信息的信息处理者，应指定个人信息保护责任人。

A.3 个人信息保护原则

A.3.1 应遵守正当、必要、诚信的原则处理用户个人信息，不应通过误导、欺诈、胁迫方式处理个人信息。

A.3.2 目的应明确、合理，不应过度收集个人信息，应与处理目的直接相关。

A.3.3 公开的个人用户信息，应明示处理目的、方式和范围。应避免信息不准确、不完整对个人权益造成不利影响事件的发生。

A.3.4 个人信息处理者对其个人信息处理活动负责，应采取必要措施来保障处理的个人信息的安全。

A.3.5 除法律、行政法规规定的除外，个人信息的保存期限，应为实现处理目的所必要的最短时间。

A.3.6 应防止发生 App 过度收集用户"位置信息""通讯录信息""手机号码"等个人信息；平台强制索要非必要权限、超范围收集个人信息、企业非法推送商业信息、非法泄露买卖个人信息等侵害用户权利的情形。

A.4 个人信息保护措施

A.4.1 数字广告服务中，个人信息处理者应采取以下措施：
a）对个人敏感信息进行去标识化或加密处理，保证传输和存储安全；
b）采用技术手段（如假名化、泛化、噪声添加等）降低重标识风险，具体技术选择应符合 GB/T 37964-2019 中第 5 章的要求；
c）建立数据分类分级制度，对敏感数据、重要数据和一般数据实施差异化授权管理；
d）定期开展个人信息安全影响评估，对高风险处理活动（如自动化决策、跨境传输）进行事前评估并记录。

A.4.2 在发生或可能发生个人信息泄露、篡改、丢失事件时，负责个人信息安全和保护的部门和个人宜立即采取补救措施，并如实上报行业主管部门和国家网信部门。

A.4.3 应制定内部管理制度和操作规程，且形成文件。

A.4.4 应定期对从业人员进行安全教育和培训，宜定期举办关于用户个人信息安全、用户隐私权益保护的全员教育及培训。

A.4.5 应制定并组织实施个人信息安全事件应急预案，形成预案文件。

A.4.6 宜主动定期进行个人信息保护的合规审计，聘请具有资质的专业审计公司进行。

A.4.7 中国境外的个人信息处理者，宜在中国境内设立专门机构，并指定代表人。

A.4.8 宜积极与国内外同行进行个人信息保护方面的政策、法规、技术、学术、业务交流。

A.5 个人信息保护规则

A.5.1 基本规则

A.5.1.1 数字广告服务中，应严格遵守以"告知—知情—同意"为核心的个人信息处理规则体系。

A.5.1.2 在公共场所安装图像采集、个人身份识别设备，应为维护公共安全所必需，遵守国家有关规定，且设置显著的提示标识。所收集的个人图像、身份识别信息仅用于维护公共安全的目的，不应用于其他目的，取得个人单独同意的除外。

A.5.1.3 个人信息处理者不应公开其处理的个人信息，取得个人单独同意的除外。

A.5.1.4 信息处理者处理个人信息时不应采取一揽子授权、概括授权、捆绑授权（不同业务、不同产品之间）。

A.5.2 个人同意

A.5.2.1 在数字广告服务中，涉及用户个人信息处理的，应取得个人的同意。

A.5.2.2 以下情况可不取得个人同意：

a）涉及个人劳动合同（包括按照依法制定的劳动规章制度和依法签订的集体合同）已有规定；

b）法定职责或法定义务所必需；

c）为应对突发公共卫生事件或紧急情况下为保护自然人生命健康和财产安全所必需；

d）在合理的范围内为公共利益实施新闻报道、舆论监督等行为；

e）在合理范围内处理个人自行公开或其他已经合法公开的个人信息，以及法律、行政法规规定的其他情形。

A.5.3 撤回同意

A.5.3.1 数字广告服务中，基于用户个人同意处理其信息的，应允许个人撤回同意。

A.5.3.2 个人信息处理者应通过显著方式、清晰易懂的语言真实、准确、完整地告知被采集者，同时提供便捷的撤回同意方式。

A.5.4 单独同意

A.5.4.1 以下情况应取得用户单独同意：

a）向其他个人信息处理者或境外提供的个人信息；

b）公共场所收集的个人图像、身份信息用于非公众安全的目的、公开其处理的个人信息；

c）"人脸识别"技术涉及个人图像、生物信息和身份识别等个人敏感信息。

A.5.4.2 单独同意应符合如下条件和要求：

a）即时增强告知：采用显著方式、使用清晰易懂的语言；保证信息的真实、准确、完整；

b）同意事项独立：针对具体且独立的目的或业务功能；

c）同意动作明示：以明确方式作出同意，确保无歧义，不应默认同意。

A.5.4.3 单独同意应单独勾选，点击同意。

A.5.5 "人脸识别"信息处理

A.5.5.1 应为"公共安全所必需"的目的。公众场合信息采取人脸验证、人脸识别，采集人脸分析信息等行为，应为维护公共安全所必需，只能用于维护公共安全的目的。不应采取一揽子授权、概括授权、捆绑授权（不同业务、不同产品之间）。

A.5.5.2 应告知用户以下必要信息：

　　a）处理者或境外接收方的名称或姓名和联系方式

　　b）处理目的和处理方式；

　　c）个人信息的种类以及个人信息使用范围；

　　d）信息保存期限；

　　e）信息处理方式和程序等。

A.5.5.3 应遵循最小必要原则。应告知收集人脸信息识别数据的必要性，以及在信息处理中，是否满足处理目的最小范围原则，是否采取对个人权益影响最小的方式。

A.5.5.4 应允许用户撤回同意。应满足个人用户撤回同意权利，个人信息处理者应通过显著方式、清晰易懂的语言真实、准确、完整地告知被采集者其撤回权利，同时提供便捷的撤回同意方式。

A.5.5.5 应单独勾选，点击同意。

A.5.6 跨平台使用

A.5.6.1 涉及双方或多方平台之间的信息交换和数据合作，应获得用户单独同意。信息处理者应向个人告知接收方的名称或者姓名、联系方式、处理目的、处理方式、个人信息的种类以及个人信息使用范围，信息保存期限，方式和程序等事项。

A.5.6.2 个人信息处理者向其他个人信息处理者提供其处理的个人信息，接收方变更原先的处理目的、处理方式的，应重新取得个人同意。

A.5.6.3 不应违反用户"知情、自愿、明确作出同意"的行为原则及信息"全面、完整"的原则，不应拒绝提供产品或服务强迫用户同意。

A.5.7 信息保存

A.5.7.1 数字广告服务中，个人信息处理中的信息保存时间应遵从实现处理目的所必要的最短时间。

A.5.7.2 数字广告传播平台包含个人信息的相关网络日志应至少保存6个月，含有个人信息的交易信息保存期限应不少于3年。

A.5.8 自动化决策

A.5.8.1 个人信息处理者利用个人信息进行自动化决策，应保证决策的透明度和结果公平、公正，不应对个人在交易价格等交易条件上实行不合理的差别待遇。

A.5.8.2 通过自动化决策方式向个人进行信息推送、商业营销，应同时提供不针对其个人特征的选项，或向个人提供便捷的拒绝方式。

A.5.8.3 通过自动化决策方式作出对个人权益有重大影响的决定，个人有权要求个人信息处理者予以说明，并有权拒绝个人信息处理者仅通过自动化决策的方式作出的决定。

A.6 敏感个人信息处理

A.6.1 敏感个人信息的判定应符合 GB/T 35273-2020 中附录 B 的判定要求，包括但不限于：

　　a）个人生物识别信息（如人脸、指纹）、行踪轨迹、金融账户、医疗健康信息；

　　b）不满十四周岁未成年人的个人信息；

c）其他一旦泄露可能导致人身、财产安全受到严重危害的信息（如性取向、犯罪记录）。

A.6.2　仅在具有特定的目的和充分的必要性，且采取严格保护措施的情形下，个人信息处理者方可处理敏感个人信息。个人信息处理者应向个人告知处理敏感个人信息处理的必要性及对个人权益的影响。

A.6.3　处理敏感个人信息，应取得个人的单独同意；如有法律、行政法规规定处理敏感个人信息应取得书面同意的，应遵守其规定，且应符合"书面文件"的形式要求。

A.6.4　处理不满十四周岁未成年人个人信息，应取得未成年人的父母或其他监护人的同意，且制定专门的个人信息处理规则。

A.6.5　数字广告用户、数字广告从业者、其他法人和社会组织，应积极学习《中华人民共和国个人信息保护法》以及其他相关法律的规定，了解其处理原则、处理规则、相关各方的权利和义务，救济方式等。

A.6.6　应养成非必要不提供的习惯和意识，认真阅读数字广告提供方、平台方隐私协议条款，充分考虑提供个人信息的必要性和充分性后方可授权。

A.6.7　应对自己授权或者提供的个人信息进行持续跟踪，必要时积极行使"撤回同意"权利，要求对方停止处理或及时删除其个人信息。

A.6.8　应注意销毁、抹掉或删除及采用加密方式处理个人关键信息。

A.7　个人信息跨境提供

A.7.1　数字广告传播活动中，关键信息基础设施运营者和处理个人信息达到国家网信部门规定数量的个人信息处理者，应将在中华人民共和国境内收集和产生的个人信息存储在境内。确需向境外提供的，应通过国家网信部门组织的安全评估，遵守国家相关技术和质量标准的规范和规则要求。

A.7.2　个人信息的跨境提供，应按照《数据出境安全评估办法》通过国家网信部门组织的安全评估。

A.7.3　在满足国家网信部门安全评估的前提下，企业数据合法出境，应经专业机构进行个人信息保护认证，并按国家网信部门制定的标准合同文本要求，与境外接收方订立合同，约定双方的权利和义务。

A.7.4　个人信息处理者应采取必要措施，保障境外接收方处理个人信息的活动符合国家相关法律法规、文件规定的个人信息保护要求。

A.7.5　向中华人民共和国境外提供个人信息的，应取得个人的单独同意，且向个人告知如下事项：

a）境外接收方的名称或姓名及联系方式；

b）处理目的和处理方式；

c）个人信息的种类；

d）允许个人向境外接收方行使和维护自己合法权利的方式和程序等事项。

附 录 B

（规范性）

数字广告服务中的数据应用安全

B.1 数据应用原则

B.1.1 合法性

数字广告数据应用的参与方应依法开展数据收集、应用、交换、存储、传输、验证和删除等活动。

B.1.2 完整可用

数字广告数据应用的参与方应保证数据使用、交换、存储、传输活动中的数据完整性和可用性。

B.1.3 数据等级分类及授权管理

数字广告业务中产生或应用的数据应划分为敏感数据、重要数据和一般数据等类别，且进行分别授权管理，在数据使用、交换、存储、传输活动中，确保各类数据有足够的安全性和保密性。

B.1.4 透明可验证

数字广告数据应用的参与方在开展数据使用和交换活动的过程中，应记录数据使用和交换情况，实现可查看与可追溯，以验证合规性和安全性。

B.1.5 最小数据

B.1.5.1 在数字广告活动过程中，数据控制者收集、使用的数据类型、范围对于活动本身应是适当的、相关的和必要的。最明确的"用户同意"、最少化的信息要素采集、最安全的存储和传输。

B.1.5.2 在数字广告活动中很少或基本不再使用的数据要进行删除、封存或脱敏处理，提高访问权限。

B.1.6 伦理

数字广告数据应用的参与方在开展收集、应用、交换、存储、传输、验证和删除等活动时应尊重数据所有权，保护数据相关人的个人信息安全，做好无害化处理。

B.1.7 公平

B.1.7.1 数字广告数据应用的参与方在开展收集、应用、交换、存储、传输、验证和删除等活动时，应避免制造数字鸿沟，编织信息茧房，大数据杀熟和自我优待等有失公平的行为。

B.1.7.2 在数据的使用和处理中应落实"告知—同意"原则。

B.1.8 效率

数字广告数据应用的参与方在收集数据采用非必要不使用的最小化原则，交换与传输时优先采用统一接口与标准。

B.2 数据应用环节与应用场景

B.2.1 应用环节

B.2.1.1 基本要求

用于处理信息系统中的数据以赋能数字广告的系统，应遵守数据分等级保护的要求对数据传播、处理、交换和存储等环节进行安全保护。

B.2.1.2 数据收集

注：数据收集可分为一手数据收集和二手数据收集。一手数据收集即原始数据的收集，多指广告主营销活动中收集到的客户或潜在客户的数据，可能包含有较多与隐私相关的信息。二手数据指通过交易或交换等手段合法获得的数据。

B.2.1.2.1 一手数据收集应让用户知情且取得用户许可，用户对数据应有退出与取消权保障。

B.2.1.2.2 二手数据应遵循只交易价值、不交易原始数据的原则。

B.2.1.2.3 数据拥有者和使用者应围绕数据的全生命周期做好安全防护，有效控制流转过程带来的风险。

B.2.1.3 数据使用

B.2.1.3.1 数据使用方包括数据收集者和数据提供方。使用数据，包括但不限于加密存储、处理、运算、映射、标签分类、定向等方式。

B.2.1.3.2 针对定向、重定向和程序化创意等方式的广告技术所使用的受众标识的限制应优先使用符合 GB/T 37964-2019、GB/T 35273-2020 的特定的标识符。

B.2.1.3.3 宜建立数据处理日志审计机制，确保全流程操作可追溯、可验证。

B.2.1.4 数据存储

B.2.1.4.1 数据存储应设置加密、备份与恢复机制。应采用加密技术或去标识化技术在数据存储过程中隐藏敏感数据。数据存储应采取安全措施，及时进行备份，在数据遭遇入侵或硬件损坏等不可抗力被损坏后，在符合一定条件时可及时恢复。

B.2.1.4.2 数据存储应设计数据的完整性检测方案以对数据进行完整性检测，保证数据的真实性和完整性，不应篡改和伪造数据，尤其是敏感数据。

B.2.1.5 数据访问

数据应采取完整有效的访问控制策略，确保无权访问存储数据的个人或其他组织不可访问或通过其他间接手段访问存储的数据。

B.2.1.6 数据传输与交换

B.2.1.6.1 数据提供方和数据接收方之间应以合法合规、正当的目的和方式传输数据。

B.2.1.6.2 数据传输中包含未经过匿名化处理的个人信息数据时，应优先使用符合 GB/T 37964-2019、GB/T 35273-2020 要求。

B.2.1.6.3 传输与交换数据的双方在数字广告环境下，基本通过嵌入或接入自动化工具（如程序、脚本、接口、软件开发工具包等）进行数据传输。

B.2.1.6.4 传输与交换数据的双方应通过合同等形式明确双方的安全责任、应实施的数据安全措施及双方法律义务与责任。在自动化工具处理数据的方式、目的、期限等发生重大变更时，如原合同没有条款说明，应对合同进行更新或签订补充协议等，应妥善留存传输与交换的合同和管理记录，确保可供相关方查阅。

B.2.1.6.5 传输与交换数据的双方应优先采用标准所推荐的传输方式和控制机制。由数据提供方建立接入自动化工具提供数据的管理机制和工作流程，必要时应建立评估机制，设置接入条件，并对接入的自动化工具进行尽职调查和个人信息保护影响评估。

B.2.1.6.6 数据接收方不应强迫任何单位或组织嵌入或接入可获取数据的自动化收集工具（如代码、脚本、接口、算法模型、软件开发工具包等）。

B.2.1.6.7 数据提供方宜对数据接收方收集处理数据的行为进行审计。发现超出约定行为的，应及时通知该数据接收方，督促整改，必要时停止接入。

B.2.1.6.8 在数据传输过程中，应有完整的数据处理的相关记录，用于数据验证和核查。

B.2.1.7 数据删除

B.2.1.7.1 数据使用目的达成后，应对数据进行删除或匿名化处理。

B.2.1.7.2 涉及个人信息，符合以下情形，个人信息主体要求删除的，应及时删除个人信息：

　　a）当数据使用方违反法律法规规定，收集、使用个人信息的；

　　b）当数据使用方违反与个人信息主体的约定，收集、使用个人信息的。

B.2.1.7.3 数据使用方违反法律法规规定或违反与个人信息主体的约定向第三方共享、转让个人信息，且个人信息主体要求删除的，数据使用方应立即停止共享、转让的行为，并通知第三方及时删除。

B.2.1.7.4 数据使用方违反法律法规规定或违反与个人信息主体的约定，公开披露个人信息，且个人信息主体要求删除的，数据使用方应立即停止公开披露的行为，并发布通知要求相关接收方删除相应的信息。

B.2.2 应用场景

B.2.2.1 应用场景描述

　　数字广告数据应用场景包括但不限于程序化广告购买、广告监测、广告效果评估、异常流量排查和反作弊、用户画像、数据汇聚融合、委托处理等。

B.2.2.2 程序化广告购买

B.2.2.2.1 接入程序化购买平台的各方，首先应签订数据安全协议，明确各方的数据安全责任和义务。

B.2.2.2.2 在程序化购买活动期间：

　　a）供给方平台（SSP）和广告交易市场（ADX）应对信息收集过程向用户进行充分披露，并保存相应的证据；

　　b）广告投放服务（Ad Serving）和需求方平台（DSP）可要求供给方平台（SSP）和广告交易市场（ADX）提供相应的授权证明；

　　c）数据提供方应；遵循最小数据原则，只传递已授权的最小必要用户信息，不应泄漏用户的固定唯一标识符；

d）参与各方可使用分布式记账方式等手段签注数字签名、唯一时间戳等多种不可更改的标记以确保交易关键信息不被篡改；

e）各方产生的交易记录应安全保存，以备审计。

B.2.2.2.3 程序化购买过程结束，各方均应遵照数据安全协议约定执行相应数据安全程序。

B.2.2.2.4 程序化创意应遵守公序良俗，避免庸俗，避免引起广告用户的负面情绪。

B.2.2.2.5 程序化广告投放内容数据的合法合规性应由 DSP 审核素材、SSP 和 ADX 审核全稿，实行多级管理，全流程监管。应该设置内容安全应急程序和处置联系方式。

B.2.2.3 广告监测

B.2.2.3.1 媒体 / 广告主植入监测公司的 SDK，监测公司应将 SDK 收集数据所需要的权限告知媒体 / 广告主，并取得媒体 / 广告主授权同意。

B.2.2.3.2 媒体 / 广告主应在隐私政策中预先将广告监测可能索要的权限向数字广告用户进行告知，并取得数字广告用户授权同意。

B.2.2.3.3 媒体 / 广告主应在隐私政策中将广告监测需要收集的数据，以及收集数据的目的、方式、范围向数字广告用户进行告知，并取得用户授权同意。如果媒体 / 广告主使用监测 SDK 的，还应将监测 SDK 名称向数字广告用户告知。

B.2.2.3.4 监测方应在其隐私政策中明确告知数字广告用户可撤回收集、使用其个人信息同意授权的方法。若数字广告用户撤回同意后，监测公司后续不应再处理相应的个人信息。撤回同意不影响撤回前基于同意的个人信息处理。

B.2.2.3.5 监测公司在收集和使用数据时应明确数据类型及用途的合规性，不应收集和使用与提供广告投放监测服务无关的个人信息。

B.2.2.3.6 监测公司的数据收集、存储、处理、计算系统应满足以下要求：

a）广告监测数据应以数据传输原始格式分别在媒体平台及监测公司系统中至少保存 2 年，法律、行政法规另有规定的，从其规定；

b）若广告主、媒体或相关方应个人信息主体请求，要求监测公司删除原始监测数据，应出示个人信息主体要求删个人信息的证明；

c）监测公司应在媒体配合下，遵循数据安全要求对数据进行收集，应保证数据准确、完整地传输、存储、处理、计算。避免因监测数据信息不准确、不完整对企业或相关利益方的权益造成不利影响。

注：b）条"删除"是指在实现日常业务功能所涉及的系统中去除个人信息的行为，使其保持不可被检索、访问的状态。

B.2.2.4 广告效果评估

B.2.2.4.1 广告效果评估时，收集和处理数据应尽量避免涉及个人信息，优先使用人群化的广告标签。

B.2.2.4.2 广告效果评估时，收集数据应符合以下要求：

a）埋点数据收集广告投放数据与广告互动数据，涉及个人信息的，效果评估机构或媒体方在信息收集前应向个人信息主体明示信息收集的类型及用途，并应获得个人信息主体授权同意后方可进行；

b）采用监测渠道收集到的数据进行效果评估的，应是对个人信息进行脱敏后的数据，或应有个人信息主体数据用于效果评估使用的授权同意证明。

B.2.2.4.3 在数据处理与分析包含数据存储、数据传输及数据计算等应用时，效果评估机构与数据处理方应该遵循数据等级分类及授权管理原则，建立相应的审批与数据安全管理机制。宜预先采用加密技术或去标识化技术对数据进行脱敏处理，防止用户信息泄露及随意扩大商业用途。

B.2.2.5 用户画像

B.2.2.5.1 用户画像中对用户的特征描述，应符合公序良俗，不应包含：淫秽、色情、赌博、迷信、恐怖、暴力的内容以及表达对民族、种族、宗教、残疾、疾病歧视的内容。

B.2.2.5.2 在业务运营或对外业务合作中使用用户画像的，应合法合规，符合以下要求：

a）应避免侵害公民、法人和其他组织的合法权益；

b）个人信息匿名化，应消除明确身份指向性，避免精确定位到特定个人；

c）应结合用户画像所用于的目的，采取有效的数据保护措施；

d）在业务运营或对外业务合作中使用用户画像的，应事前进行个人信息保护影响评估，业务出现重大调整时，应重新进行评估，对评估报告和处理情况应予记录，并至少保存 3 年。

B.2.2.5.3 用于广告目的的用户特征组合应消除明确身份指向性，降低重新被标识的风险，避免精确定位到特定个人，保证特征组合所限定的用户数量不少于规模下限，规模下限应不少于特征组中最多特征值的 50 倍。

B.2.2.6 数据汇聚融合

B.2.2.6.1 数据使用方，如 DSP、监测机构、效果评估机构等，在遵循合法合规和正当必要原则的前提下，可汇聚融合基于不同业务场景所收集来的数据并加以使用。

B.2.2.6.2 汇聚融合的数据如涉及个人信息，应符合以下要求：

a）汇聚融合的数据不应包含具有指向性的个人信息数据；

b）在与用户或数据提供方之间明确约定的目的与范围内使用、交换与交易数据；

c）汇聚融合后要开展个人信息合规影响评估，采取有效的个人信息保护措施。

B.2.2.7 委托处理数据

B.2.2.7.1 委托方在委托之前，应进行信息保护的影响评估，并记录评估报告及处理情况，记录至少保存三年。

B.2.2.7.2 受委托方应严格按照委托方的要求处理数据，不应超出约定的处理目的、处理方式等处理数据。受委托方因特殊原因未按委托方的要求处理个人信息的，应及时向委托方报告。

B.2.2.7.3 委托方应对受委托者进行监督，方式包括但不限于：通过合同等方式规定受委托者的责任和义务；对受委托者的处理过程和处理结果等进行审计。

B.2.2.7.4 委托方应准确记录和保存委托处理数据的情况。

B.2.2.7.5 委托合同不生效、无效、被撤销或终止的，受托人应将个人信息返还个人信息处理者或予以删除，不应备份，不应保留。

B.2.2.7.6 委托方得知或发现受托方未按照委托要求处理数据，或未能有效履行数据安全保护责任的，应立即要求受托方停止相关行为，且采取或要求受托方采取有效补救措施（如更改口令、回收权限、断开网络连接等）控制或消除数据面临的安全风险。必要时委托方应终止与受托方的业务关系，并要求受托方及时删除从委托方获得的数据。

B.2.2.7.7 如涉及个人信息的，委托方应与受托方约定委托处理的目的、方式、个人信息种类、保护措施、双方权利义务等，并对委托方的个人信息处理活动进行监督，受托方应协助委托方响应用户提出的相关请求；受托方在处理个人信息过程中无法提供足够的安全保护水平或发生了安全事件的，应及时向委托方报告。

B.2.2.7.8 未经委托方同意和用户单独告知同意，受托方不应转委托他人处理数据。

B.2.2.7.9 宜在委托方平台进行的委托处理，非在委托方平台进行的委托处理，应满足本文件 B.2.1.6 条的要求，宜预先采用加密技术或去标识化技术使得数据对被委托方为匿名。

B.2.2.8 安全事件处置

B.2.2.8.1 应制定数据安全事件应急预案。

B.2.2.8.2 应定期（至少每年一次）组织内部相关人员进行应急响应培训和应急演练，使其掌握岗位职责、应急处置策略和规程。

B.2.2.8.3 发生数据安全事件后，数据使用和传输主体应根据应急响应预案进行以下处置：

a）记录事件内容，包括但不限于：

1）发现事件的人员、时间、地点；

2）涉及的数据及规模；

3）发生事件的系统名称；

4）对其他互联系统的影响；

5）是否已联系执法机关或有关部门；

b）评估事件可能造成的影响，并采取必要措施控制事态，消除隐患；

c）按照有关规定及时上报，报告内容包括但不限于：

1）涉及用户的类型、数量、内容、性质等总体情况；

2）事件可能造成的影响；

3）已采取或将要采取的处置措施；

4）事件处置相关人员的联系方式；

d）当法律法规变化或事件处置情况有变化时，应及时更新应急预案。

B.2.2.8.4 安全事件告知除采取措施能够有效避免信息泄露、篡改、丢失造成危害的以外，发生或可能发生个人信息泄露、篡改、丢失的，应立即采取补救措施，并通知履行数据或个人信息保护职责的部门和个人：

a）应及时将事件相关情况以邮件、信函、电话、推送通知等方式告知受影响的用户。难以逐一告知用户时，应采取合理、有效的方式发布与公众有关的警示信息；

b）告知内容应包括但不限于：安全事件的内容和影响；已采取或将要采取的处置措施；用户自主防范和降低风险的建议；针对用户提供的补救措施；数据处理者的联系方式。

ICS 03.080.20
CCS A 10/19

T/SHAA

上 海 市 广 告 协 会 团 体 标 准

T/SHAA 0002.6—2024
代替 T/SHAA 000206—2022

数字广告
第 6 部分：搜索广告发布要求

Digital Advertising Part 6: Specification for Publication of Search Advertising

2024-08-28 发布　　　　　　　　　　　　　　2024-09-01 实施

上海市广告协会　发　布

目　次

1 范围 ……………………………………………………………………………………… 27

2 规范性引用文件 ………………………………………………………………………… 27

3 术语和定义 ……………………………………………………………………………… 27

4 搜索广告基本要求 ……………………………………………………………………… 28

  4.1 搜索平台 ……………………………………………………………………………… 28

  4.2 广告主 ………………………………………………………………………………… 28

5 关键词设置要求 ………………………………………………………………………… 28

  5.1 搜索平台、代理商／服务商 ………………………………………………………… 28

  5.2 广告主 ………………………………………………………………………………… 29

6 广告内容要求 …………………………………………………………………………… 29

  6.1 搜索平台、代理商／服务商 ………………………………………………………… 29

  6.2 广告主 ………………………………………………………………………………… 29

7 广告落地页要求 ………………………………………………………………………… 30

  7.1 搜索平台、代理商／服务商 ………………………………………………………… 30

  7.2 广告主 ………………………………………………………………………………… 30

8 建站服务要求 …………………………………………………………………………… 31

  8.1 搜索平台 ……………………………………………………………………………… 31

  8.2 建站服务商 …………………………………………………………………………… 31

  8.3 广告主 ………………………………………………………………………………… 31

9 特殊行业搜索广告发布要求 …………………………………………………………… 32

  9.1 医疗搜索广告 ………………………………………………………………………… 32

  9.2 药品搜索广告 ………………………………………………………………………… 32

  9.3 商品搜索广告 ………………………………………………………………………… 33

  9.4 应用程序搜索广告 …………………………………………………………………… 33

数字广告
第 6 部分：搜索广告发布要求

1 范围

本文件规定了搜索广告基本要求、关键词设置要求、广告内容要求、广告落地页要求、建站服务要求和特殊行业搜索广告要求。

本文件适用于上海市各类提供搜索广告设计、制作、代理、发布服务的自然人、法人或其他组织，亦适用于为推销商品或者服务，自行或者委托他人设计、制作、发布搜索广告的自然人、法人或者其他组织。

2 规范性引用文件

下列文件中的内容通过文中的规范性引用而构成本文件必不可少的条款。其中，注日期的引用文件，仅该日期对应的版本适用于本文件；不注日期的引用文件，其最新版本（包括所有的修改单）适用于本文件。

T/SHAA 0002.3-2021　数字广告　第 3 部分：内容审核指引

3 术语和定义

下列术语和定义适用于本文件。

3.1

搜索广告 search advertising
广告主通过在搜索平台设置各类关键词，在用户搜索的结果页面中对广告主的推广内容进行排序优先展现的广告形式。用户搜索的方式包括文字搜索、语音搜索、图片搜索等方式。

3.2

搜索平台 search platform
运用计算机技术从互联网上搜集、处理各类信息并向用户提供检索服务的平台，包括但不限于提供搜索功能的全文及垂直搜索引擎平台、电商平台、应用商店、视频播放平台等互联网平台。

3.3

搜索关键词 keywords
指用来将广告和用户搜索的字词联系起来的字词或词组。

3.4

建站服务 building service
建站服务商向广告主提供的一种落地页自助搭建及运营的建站技术服务。广告主通过建站服务商提供的可视化编辑界面，可实现自主地上传、编辑网站素材、设计网站排版等搭建、管理以及运营落地页的目的。

4 搜索广告基本要求

4.1 搜索平台

4.1.1 搜索平台应制定且公开管理规则和平台公约、协议，依法依约建立对广告主、代理商／服务商管理的组织、制度和执行机制和方案，履行相应管理职责。

4.1.2 搜索平台与代理商／服务商签署协议前应根据发布内容的类别要求提供相应的资质证明材料。

4.1.3 搜索平台、代理商／服务商应对广告主提供的资质及材料进行核对，查验且登记广告主的名称、地址和有效联系方式等信息，并建立登记档案，档案保存时间应符合相关规定。

4.1.4 搜索平台应在显著位置设置便捷的投诉举报入口，公布投诉举报方式，及时受理处置公众投诉举报并反馈处理结果。

4.1.5 搜索平台应采用电子营业执照、正向或反向的对公打款校验等形式，查验、核对广告主的身份，搜索平台应对核验结果记录和保存。

4.1.6 搜索平台应合理配置搜索广告与自然结果展现比例，保障用户搜索体验。

4.1.7 搜索平台应对利用其发布的信息服务展示、发布的广告内容进行监测、巡查。

4.1.8 明知或应知发布违法广告的，应采取通知改正、删除、屏蔽等措施予以制止，保留相关记录，涉及违法犯罪的，及时向公安机关报告。

4.2 广告主

4.2.1 广告主应提供营业执照、许可证、其他形式的政府批准材料或其他材料或信息，确定其所提供的服务具有合法性。

4.2.2 广告主应建立广告发布合规性的审核机制、制度及执行措施，确保所发布广告的商品符合相关的法律法规，特殊商品应在广告发布前向广告审查机关提交证明文件进行审查，获得审核通过才能发布。

4.2.3 在广告中使用他人名义或者形象的，广告主应事先取得其书面同意；使用无民事行为能力人、限制民事行为能力人的名义或者形象的，应事先取得其监护人的书面同意。

5 关键词设置要求

5.1 搜索平台、代理商／服务商

5.1.1 搜索平台、代理商／服务商应采取措施，防范和抵制下列内容被设置为搜索关键词：
　　—— 违反宪法所确定的基本原则；
　　—— 危害国家安全，泄露国家秘密，颠覆国家政权，破坏国家统一的；
　　—— 损害国家荣誉和利益的；
　　—— 歪曲、丑化、亵渎、否定英雄烈士事迹和精神，以侮辱、诽谤或者其他方式侵害英雄烈士的姓名、肖像、名誉、荣誉的；
　　—— 宣扬恐怖主义、极端主义或者煽动实施恐怖活动、极端主义活动的；
　　—— 煽动民族仇恨、民族歧视，破坏民族团结的；
　　—— 破坏国家宗教政策，宣扬邪教和封建迷信的；

—— 散布谣言，扰乱经济秩序和社会秩序的；

—— 散布淫秽、色情、赌博、暴力、凶杀、恐怖信息或者教唆犯罪的；

—— 侮辱或者诽谤他人，侵害他人名誉、隐私和其他合法权益的。

5.1.2 对利用搜索平台实施的侵权行为，权利人应通知搜索平台服务提供者采取删除、屏蔽、断开链接等必要措施。搜索平台服务提供者接到通知后未及时采取必要措施的，应对损害的扩大部分与实施侵权行为的行为人承担连带责任。搜索平台知道他人利用搜索平台服务实施侵权行为，如未采取必要措施，应与其承担连带责任。

5.1.3 搜索平台采用个性化算法推荐技术推送关键词，应设置符合 5.1.1 条的推荐模型，建立健全广告主自主选择机制。

5.2 广告主

5.2.1 广告主不应通过变体词等方式，在搜索平台后台设置不符合法律规定或者平台规则的搜索关键词。

5.2.2 除权利人外，广告主不应将政府、公立医院、公立学校等名称设置为搜索关键词。

5.2.3 广告主将他人有一定影响的商品名称、企业名称（包括简称、字号等）、社会组织名称（包括简称等）、姓名（包括笔名、艺名、译名）等标识设置为搜索关键词时，不应引人误认为是他人商品或者与他人存在特定联系。

6 广告内容要求

6.1 搜索平台、代理商／服务商

6.1.1 搜索平台、代理商／服务商应查验有关证明文件，核对广告内容，对内容不符或者证明文件不全的广告，不应设计、制作、代理、发布。

6.1.2 搜索平台、代理商／服务商应配备熟悉广告法规的广告审查人员；有条件的还应设立专门机构，负责互联网广告的审查。

6.1.3 搜索平台、代理商／服务商应依法参加广告业统计调查，真实、准确、完整、及时地提供统计资料。

6.1.4 搜索平台应依据服务协议和规则对利用其信息服务发布虚假违法广告的责任主体实施警示、暂停或者终止服务等措施，并向社会公示。

6.1.5 搜索平台应积极利用人工智能、大数据等先进技术，加强广告内容的审核、巡查工作。

6.2 广告主

广告主发布的广告不应包含表 1 所示内容。

表 1 非法广告内容

不应发布广告内容	具 体 表 现 形 式
非法广告	不符合中华民族道德风尚的广告
歧视性内容	基于种族、性别、信仰、原籍国家、残障状态、宗教派别、年龄、语言、性取向、性别认同或财务状况，针对个人或团体宣扬仇恨、暴力、骚扰或种族主义的广告内容
诽谤内容	诽谤、中伤或诋毁性质的广告内容
粗俗内容	粗俗或隐晦的广告内容，包括下流的用词或词语

不应发布广告内容	具 体 表 现 形 式
成人内容	宣传成人主题或黄色内容的广告内容,例如色情内容、印度爱经、情色内容或是宣传"性爱技巧"或其他性爱游戏的内容
管制物质	直接或间接促进或宣传任何烟草制品、非法药物、麻醉性毒品、武器、弹药、爆炸物或烟火的销售、供应或使用,过量饮酒或未成年人饮酒的广告内容
争议性内容	被视为具有冒犯性、黄色或包含人身攻击、对个人或个体企业或公司进行霸凌或威胁的广告内容
伪造文件	宣传虚假文件或材料的广告内容,如学历或认证资料
不正当的商业行为	以不正当的方式诱使用户下载或是操纵、过滤或假冒评价、反馈、点击或下载的广告内容
欺诈性内容	虚假、具有欺诈性、不诚实或具有欺骗性的声明或内容(包括具有误导性的标题、声明或图示)
欺诈性定价和价格声明	所列出的产品或服务应对用户清晰透明,不应虚假陈述产品或服务的真实本质(价格和任何费率声明在任何情况下都应准确)
未经许可的广告内容	广告内容未获得必要的许可、批准或法律(包括广告内容所投放和传播到的所在国家或地区的法律法规)要求的其他授权

7 广告落地页要求

7.1 搜索平台、代理商／服务商

7.1.1 搜索平台、代理商／服务商应建立、健全广告落地页相关信息的记录、审核制度,搜索平台应当对相关信息进行存档,信息内容包括落地页内容、网站 ICP 备案、审核人员信息、审核时间、审核结果等。

7.1.2 搜索平台、代理商／服务商应当对广告落地页内容进行审核,审核要点应包括以下内容:

—— 对于在中华人民共和国境内设立的广告主自设网站或其他拥有合法使用权的互联网媒介,应审核 ICP 备案主体与广告主主体身份的一致性;

—— 对于在中华人民共和国境外设立的网站,应审核公安机关备案等证明;

—— 对于受委托推广的网站,应审核授权委托书等证明;

—— 应审核落地页内与前端广告内容相关的内容是否符合相关法律法规要求,不应为违法犯罪活动提供广告推广。

—— 应审核网站安全性,不应出现非法恶意跳转与病毒、木马程序等情况。

7.1.3 搜索平台发布广告后,搜索平台知道或者应知道所链接的页面存在违法内容的,应采取通知改正、删除、屏蔽、断开链接等措施制止前端广告向该落地页进行跳转。

7.1.4 搜索平台在发现广告主利用落地页从事违法活动的,应及时保存证据材料,积极、主动向监管机关报告。

7.2 广告主

7.2.1 落地页应明确表明推广主体、网站名称或品牌名称,且体现实际推广产品或服务,落地页内容与广告创意内容之间应具有关联。

7.2.2 广告主不应利用落地页跳转等互联网广告功能,在二跳网页、三跳网页中篡改页面,以虚假违法内容替换过审的合法广告内容用于发布落地页广告,逃避广告审核体系。

7.2.3 广告主对已经审核通过的落地页内容进行剪辑、拼接、修改的,应向搜索平台重新申请审核。

7.2.4 落地页中不应以欺骗、误导方式诱使用户点击，任何位置均不应出现虚假图标，包括不具备实际功能或实际功能与字样不符的图标形式。

7.2.5 落地页内涉及启动播放、视频插播、弹出等形式的内容的，应显著标明关闭标志，确保一键关闭。不应有下列情形：

    —— 没有关闭标志或者需要倒计时结束才能关闭；

    —— 关闭标志虚假、不可清晰辨识或定位；

    —— 实现单个内容的关闭，须经两次以上点击；

    —— 其他影响一键关闭的行为。

7.2.6 招商等有投资回报预期的商品或者服务广告，应在落地页显著位置对可能存在的风险以及风险责任承担进行合理提示或者警示。

8 建站服务要求

8.1 搜索平台

8.1.1 搜索平台应对建站服务商的主体身份、ICP 备案信息等进行审核并建立档案，档案保存时间不应少于三年。

8.1.2 广告主使用建站服务商，搜索平台应进行审核备案，确保广告主落地页中标识其真实身份。

8.1.3 搜索平台对于广告主使用建站服务生成的落地页的审核标准不应低于广告主自有网站的落地页审核标准。

8.2 建站服务商

8.2.1 应建立有效的投诉、举报受理和处置机制，设置便捷的投诉举报入口或公布投诉举报方式，及时受理和处置公众投诉举报。

8.2.2 对利用其信息服务展示、发布的广告内容进行监测、巡查，明知或者应知发布违法广告的，应采取通知改正、删除、屏蔽、断开链接等措施予以制止，并保留相关记录，涉及违法犯罪的，及时向公安机关报告。

8.2.3 应配合市场监督管理部门依法开展广告监测。

8.2.4 应配合市场监督管理部门依法调查互联网广告违法行为，并根据市场监督管理部门的要求，及时采取技术手段保存涉嫌违法广告的证据材料，如实提供相关广告发布者的名称、地址、联系方式、广告修改的相关记录以及涉及的商品或者服务的交易数据等信息。

8.2.5 依据服务协议和规则对利用其信息服务发布虚假违法广告的责任主体应实施警示、暂停或者终止服务等措施。

8.2.6 建站服务商应采取技术措施和其他必要措施保证其网络安全、稳定运行，防范网络违法犯罪活动，有效应对网络安全事件。

8.3 广告主

8.3.1 广告主应在落地页的显著位置持续公示主体信息，在向网民提供服务或产品时表明身份，不应产生误导或混淆行为。

8.3.2 广告主应建立落地页的内容审核机制和执行制度，并明确审核部门和人员及其职责，合法、合规，并符合中国社会的道德习俗。

9 特殊行业搜索广告发布要求

9.1 医疗搜索广告

9.1.1 广告主发布医疗行业的搜索广告内容，应遵守"内容审核指引"中"医疗广告内容审核指引"的要求。

9.1.2 广告主发布医疗行业的搜索广告，应显著标识广告字样，不应通过病例分享等方式引导添加联系方式（包括但不限于地址、电话、微信、QQ 等），不应变相发布医疗广告。

9.1.3 广告主发布医疗行业的搜索广告时，不应使用大量伤口、创口图片或视频等展现血腥、残忍等令人身心不适的内容。

9.1.4 广告主不应实行使用未经核准的字样、故意仿造其他医疗机构名称等误导用户、扰乱秩序的行为，不应利用变体、谐音等方式模仿或暗示其他医疗机构名称。

9.1.5 广告主不应在搜索广告的创意中使用治疗前后对比图。

9.1.6 医疗机构主动公开的如下医疗服务信息，不应被认定为广告，包括但不限于：

    —— 执业登记主要事项（名称、地址、主要负责人、所有制形式、诊疗科目、床位）；

    —— 医疗技术及医疗技术临床应用情况；

    —— 批准使用的大型医用设备名称、从业人员资质及其使用管理情况；

    —— 医疗服务项目、内容、流程情况；

    —— 职能科室设置，就诊程序，医师出诊安排，卫生技术人员基本情况；

    —— 医疗服务价格；

    —— 医疗纠纷处理程序、医疗服务投诉信箱和投诉咨询电话；

    —— 行风建设；医院简介；

    —— 便民服务措施等信息。

9.1.7 用户搜索公立医院名称的，应优先展示公立医院官方网站。

9.2 药品搜索广告

9.2.1 广告主发布药品行业的搜索广告内容，应遵守"内容审核指引"中"药品广告内容审核指引"的要求。

9.2.2 用户搜索麻醉药品、精神药品、医疗用毒性药品、放射性药品、药品类易制毒化学品时，不应发布药品广告。

9.2.3 不应通过制造身体健康焦虑，发布药品广告。

9.2.4 如下对药品的描述，不应被认定为药品广告：

    —— 药品名称；

    —— 价格；

    —— 成分；

    —— 规格；

    —— 上市许可持有人及其地址；

    —— 生产企业及其地址；

    —— 批准文号；

    —— 产品批号；

    —— 生产日期、有效期；

—— 适应证或者功能主治；

—— 用法、用量；

—— 禁忌、不良反应和注意事项等。

9.2.5 广告主发布药品广告时，不应利用公众对于医药学知识的缺乏，使用公众难以理解或容易引起混淆的医学、药学术语，造成公众对于药品功效与安全性的误解。

9.2.6 在医生版应用程序发布处方药广告，应严格按照审查通过的内容发布，且不应向除医生以外的其他用户展示。

9.2.7 药物临床试验受试患者招募广告不应被认定为药品广告，但应载明试验目的、用途和可能出现的风险等相关信息，不应出现诱导性、误导性内容。

9.2.8 医务人员在互联网诊疗平台接受咨询过程中，为患者提供药品使用建议的，不应被认定为药品广告，但应确保信息真实、合法。

9.3 商品搜索广告

9.3.1 广告主应确保其对商品的创意描述应与商品信息要素（包括但不限于标题、图片、属性、详情页描述等）相一致。宣传内容应真实、专业、准确、清晰、完整，杜绝凭空捏造和虚构夸大，不应有虚假宣传行为。

9.3.2 广告主推广商品涉及专利、特许经营、进口商品及其他特定的需要资质证明的信息时，在商品详情页中应有相关证照信息予以证明，包括专利号、专利种类、注册备案、授权认证、报关单、入境检验检疫证明等。

9.3.3 广告主不应利用虚假的或者其他易使人误解的标价形式或价格手段，欺骗、诱导用户点击商品链接。

9.4 应用程序搜索广告

9.4.1 广告主在应用分发平台发布的广告中如提供应用程序下载功能的，应标明应用程序的名称、开发者、版本号、权限及隐私政策。

9.4.2 广告主在应用分发平台发布的广告含有应用程序下载内容的，不应进行以下行为：

—— 在用户点击进入落地页后未经用户主动同意直接下载所推广的应用程序；

—— 在用户点击进入落地页后点击任意位置即自动下载、安装、打开所推广的应用程序；

—— 在用户点击进入落地页后，通过虚假按钮（如"领取红包""开始游戏"等）诱导用户下载所推广的应用程序；

—— 强制用户下载与所推广应用程序无关的其他应用。

9.4.3 广告主在应用分发平台发布游戏行业应用程序的广告，应遵守"内容审核指引"中"游戏行业广告内容审核指引"的要求。

9.4.4 广告主在应用分发平台发布的广告含有应用程序下载内容的，应用程序的信息应与应用内容相符，不应包含误导性、不相关或不恰当的商业化用语、热门搜索词、流行词语，且不应宣传实际并不提供的内容或服务、做出无法证实的产品声明。

9.4.5 广告主在应用分发平台发布的广告含有应用程序下载内容的，应用名称不应包含定价信息、价格、诱导赚钱等具有营销属性的商业化词汇（如免费、促销、清仓、躺赚等），不应夸大宣传、误导用户。

ICS 03.080.20
CCS A 10/19

T/SHAA

上 海 市 广 告 协 会 团 体 标 准

T/SHAA 0002.7—2024
代替 T/SHAA 000207—2022

数字广告
第 7 部分：数字户外广告发布与评估规范

Digital Advertising Part 7: Digital Out-of-home Advertising Publishing and
Evaluation Specifications

2024-08-28 发布

2024-09-01 实施

上海市广告协会　发 布

目　次

1 范围 ……………………………………………………………………………………… 39

2 规范性引用文件 ………………………………………………………………………… 39

3 术语和定义 ……………………………………………………………………………… 39

4 设置原则 ………………………………………………………………………………… 39

    4.1 融合性 …………………………………………………………………………… 39

    4.2 规范性 …………………………………………………………………………… 39

    4.3 数智化 …………………………………………………………………………… 40

    4.4 便利性 …………………………………………………………………………… 40

    4.5 差异性 …………………………………………………………………………… 40

5 设施设置 ………………………………………………………………………………… 40

6 广告发布 ………………………………………………………………………………… 40

    6.1 发布行为 ………………………………………………………………………… 40

    6.2 发布内容 ………………………………………………………………………… 41

7 媒体价值评估 …………………………………………………………………………… 41

    7.1 评估框架 ………………………………………………………………………… 41

    7.2 户外环境 ………………………………………………………………………… 42

    7.3 广告呈现 ………………………………………………………………………… 43

    7.4 广告效果 ………………………………………………………………………… 43

    7.5 组织声誉 ………………………………………………………………………… 44

8 评估机构 ………………………………………………………………………………… 45

    8.1 评估机构选择 …………………………………………………………………… 45

    8.2 评估报告要求 …………………………………………………………………… 46

9 价值评估应用 …………………………………………………………………………… 46

    9.1 维度增加 ………………………………………………………………………… 46

    9.2 评估维度加权 …………………………………………………………………… 46

    9.3 评估结果 ………………………………………………………………………… 46

数字广告
第7部分：数字户外广告发布与评估规范

1 范围

本文件规定了数字户外广告的设置原则、设施设置和广告发布的要求、媒体价值评估指标项及第三方市场监测及媒体价值评估机构在评估过程中应遵循的要求。

本文件适用于上海市各类提供数字户外广告设计、制作、代理、发布服务的自然人、法人或其他组织，亦适用于为推销商品或者服务，自行或者委托他人设计、制作、发布数字广告的自然人、法人或者其他组织。

2 规范性引用文件

本文件没有规范性引用文件。

3 术语和定义

T/SHAA 0002.1-2024 界定的术语和定义适用于本文件。

3.1

数字户外广告媒体 digital outdoor advertising media

数字化、电子化、动态化实时调整和屏幕视觉呈现的户外广告展示终端，以及基于数字网络技术和大数据进行程序化购买和运营的户外广告媒体。

注1：户外广告是指居住场所入户门以外，利用文字、色彩、图像、视频等信号在途经点、等候点、购物点、聚会点等公共空间媒体所发布的广告信息形式。

注2：户外广告媒体是指除了传统四大媒体（报纸媒体、广播媒体、电视媒体、网络媒体）之外，在人们工作生活的公共空间中以视觉效果呈现为主体的、广告信息内容展示的物质载体。

4 设置原则

4.1 融合性

数字户外广告媒体和城市环境发展需要关系密切，强调从城市区域经济、社会、文化以及具体建筑环境、技术、安装、维护运行等实际要求相互匹配融合。

4.2 规范性

数字户外广告媒体价值评估维度设定，重点在于推动发展户外广告行业的数字化进程和落实数字城市环境建设发展的合法性要求，并为相关户外广告经营单位、监督管理机构以及经营合作的相关民事刑事纠纷提供一个客观中立的规范性依据。

4.3 数智化

数字户外广告媒体是数字城市公共空间中的基础设施和感知终端，也是连接城市大数据系统的上下行接口，影响数字户外广告媒体价值的因素很多，有利于推进传统户外广告媒体的数字化转型，以及组建数字户外广告媒体的网络播控平台和布局数字化屏显终端建设的指标是重要维度。

4.4 便利性

在选择数字户外广告媒体价值评估维度时，应该考虑有用信息采集的便利性。在实际操作时能够通过相关统计数据或通过问卷调查的方式进行量化处理。从指标类型来看，可分为主观指标、客观指标及复合指标等。结合所采用的评估方法对指标的可操作性，在指标体系的设计中尽量做到简单、操作方便、所需成本较小。

4.5 差异性

户外广告媒体类型差异性大，区域性特色明显，受到不同地区和不同城市的社会、经济、文化等发展进程、发展水平的制约与影响也较为突出，甚至是反常规的特殊性。在数字户外广告媒体研究样本的选择上，考虑选择同一级别、同一城市的数字户外广告媒体作为调查样本，使得评估结果尽可能真实反映出户外广告媒体价值及其价格的客观规律。

5 设施设置

5.1 本文件涉及的数字户外广告媒体设施设置的技术参数要求参照 CJJ/T 149-2021 的规定。

5.2 户外广告设施设置应当坚持统一规划、总量控制、合理布局、有偿使用、确保安全的原则。

5.3 流动户外广告设置、店招标牌设施设置应当坚持规范有序、整洁美观、兼顾个性的原则。

6 广告发布

6.1 发布行为

6.1.1 应明确城市不同区域数字户外广告发布要求，重要街区、商业设施、旅游景观、主要交通道路，应编制数字户外广告发布规范。对于发布位置、尺寸、形式、时间等应进行严格审核控制，以不影响车辆、行人通行安全，不妨碍周边环境的公共秩序和公共安全为基本原则。

6.1.2 应符合城市建筑、街区、道路、人车通行等周边环境风貌的同体同构要求，注重户外广告发布的空间融合度和时间持续性。不应损害建（构）筑物、街景和道路、景观植被等城市轮廓线的完整特征，注重户外广告发布的昼夜景观效果。

注：同体同构指户外广告媒体载具与建筑、周边环境、文化等环境因素保持一致性和高度的时空同体互构的特征。

6.1.3 应倡导节能与生态环保要求，鼓励采用新技术、新工艺、新材料、新设备、新产品。

6.1.4 不应有下列广告发布行为：

—— 利用交通信号灯、交通标志、交通执勤岗设施、道路隔离栏等交通安全设施设置并发布广告；

—— 在城市交通道路（除商业街、步行街之外）交叉路口 6 m 范围内、城市高架道路出入匝道口及桥梁防撞墙（含栏杆、噪声屏障）、过江隧道、过街地道以及商业楼宇人车流集中的出入口处等设施设置并发布广告；

—— 户外广告动态视频内容发布时现场播放音乐和声音；

—— 在国家政府机关、文化教育场所、文物保护单位、旅游名胜景点以及其他建筑的控制地带设置并发布广告；

—— 利用高度不大于 7 m 或不小于 60 m 的建（构）筑物屋顶广告设施设置并发布广告；

—— 利用危房或设置后可能危及建（构）筑物和设施安全设置并发布广告；

—— 依法应当禁止的其他设置并发布户外广告行为。

6.2 发布内容

6.2.1 应符合《中华人民共和国广告法》《上海市户外广告设施管理办法》以及相关行业广告发布规范和管理条例等相关法律法规要求。

6.2.2 应真实、健康，不应以任何形式欺骗用户和消费者。

6.2.3 户外广告使用的汉字、字母和符号，应符合国家规定。

6.2.4 不应发布广告内容可能产生不良影响的户外广告。

6.2.5 户外广告发布内容中，公益广告内容所占的面积或时间比例不应低于 10 %。

6.2.6 可能产生不良影响的户外广告具体范围和公益广告的核定，由各级市场监督管理部门另行规定并对外公布。

7 媒体价值评估

7.1 评估框架

包括户外环境、广告呈现、广告效果及组织声誉等 4 个一级维度因素和区域环境融合度、每日人（车）流量等 16 个二级维度因素。见图 1。

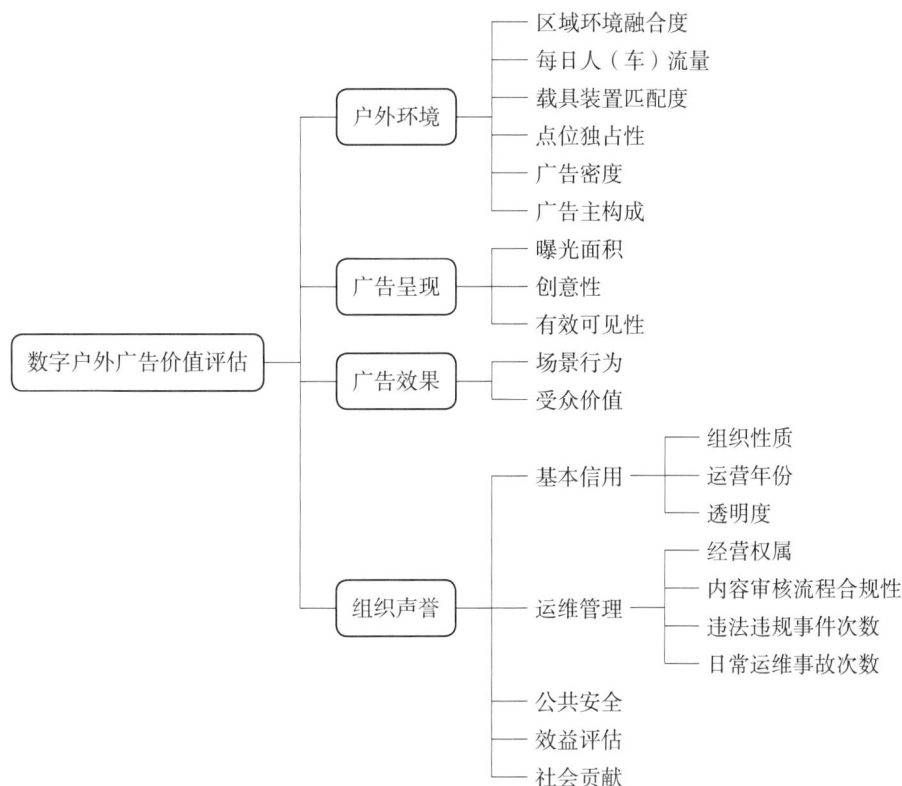

图 1

7.2 户外环境

7.2.1 区域环境融合度

7.2.1.1 区域环境融合度是指数字户外广告媒体及其广告内容信息与周边环境的友好和谐程度。

7.2.1.2 区域环境融合度评价指户外广告媒体所处的位置设置，区域与环境因素的相融性评价，包括社会、经济、人文、自然、商业、交通等相关环境影响因素的融合度分析，也包括户外广告媒介设置在途经点、等候点、购物点、聚会点等特征的融合度分析。

7.2.1.3 根据城市区域环境因素相关的政策文件、行业研究报告和第三方媒体监测机构数据，进行包括社会、经济、人文、自然、市场、交通等因素的融合度分析。

7.2.2 每日人（车）流量

7.2.2.1 以"日"为单位，基于数据统计的每天通过某特定数字户外广告媒体的人流量和车流量的总和。

7.2.2.2 评估过程中应将车流量按照一定的系数调整转化为人流量，车流量与人流量不能直接加总求和。

7.2.3 载具装置匹配度

7.2.3.1 载具装置匹配度是户外广告投放载具装置与区域文化、建筑立面及场景风格等时间空间微观环境因素的匹配程度，对于户外广告内容创意与媒体呈现也具有制约和影响。

7.2.3.2 不应以牺牲载具周边环境的协调一致性为代价进行媒体广告内容的创意发布，具体包括：

—— 载具装置与区域文化的协调一致性；

—— 载具装置与所依附的建筑以及周边空间的协调一致性；

—— 场景风格与广告媒体内容风格的协调一致性。

7.2.4 点位独占性

7.2.4.1 点位独占性指区域内有效可见范围内该户外广告媒体载具装置的空间位置与展示上具有排他的独占性。

7.2.4.2 数字户外广告媒体价值评估应增加其区域内媒体时间、空间资源上的垄断价值优势和独特性价值评估。

7.2.5 广告密度

应根据该媒体的第三方媒体监测数据报告，测量监测到的户外广告媒体装置载具的分布环境和广告投放发布的密集程度和占比情况。

7.2.6 广告主构成

7.2.6.1 广告主构成是指在该户外广告媒体载具上，已经投放过广告的广告主数量与质量构成统计，对于该户外广告媒体价值评价和投放选择具有示范影响作用，是该户外广告媒体载具价值评估的重要指标。

7.2.6.2 应以该户外广告媒体运营机构的广告媒体发布合同和具体媒体排期表统计为准。

7.3 广告呈现

7.3.1 曝光面积

7.3.1.1 曝光面积指受众在有效可见范围内户外广告媒体载具的展示面积，即户外广告媒体进行信息发布时潜在受众有效可见的内容信息发布的实际大小和尺寸。

7.3.1.2 曝光面积越大，广告的曝光机会越多。

7.3.1.3 曝光面积数据由该广告媒体运营机构和广告主商定后的第三方媒体监测机构进行测定评估提供。

7.3.2 创意性

主要体现在户外广告运用数字技术所形成的创意独特表现和视觉冲击力。包括相对应的创意表现内容和创意表现形式的创意评估。

7.3.3 有效可见性

7.3.3.1 有效可见性是指户外广告媒体对于有效视距区域内的潜在受众产生有效可见印象的评价反馈状态，包括有效视距和有效可见印象：

—— 有效视距是受众与户外广告媒体之间的有效视觉距离，包括户外广告受众的有效可视距离和可视角度；

—— 有效可见印象指在数字户外广告媒体的可见范围内，受众对媒体位置和广告内容的印象和评价反馈。

7.3.3.2 根据第三方媒体监测数据报告，测量监测到的该数字户外广告媒体的有效视距区域和潜在受众可见范围内对媒体位置以及广告内容的印象评价描述。

7.4 广告效果

7.4.1 场景行为

7.4.1.1 在户外媒体覆盖范围内，人、物、背景、环境及其相互关系的各要素构成现实场景。

7.4.1.2 行人的在线搜索、支付及社交行为与户外 LED 等设备中通过数字化呈现的人、物和情境，以及做出的行为反应或互动情况数据，测量数字户外广告的场景行为效果，包括：

—— 受众视觉停留时间的长短；

—— 对该广告的认知程度；

—— 二次传播分享行为数量。

注：二次传播分享指户外广告媒体受众将个人体验或感受的户外广告内容、场景和过程进行记录并发送分享的传播行为。

7.4.1.3 由该广告媒体运营机构和广告主商定后的第三方媒体监测机构进行测定评估并提供数据。

7.4.2 受众价值

7.4.2.1 受众价值包括目标受众到达频次、受众构成分布、受众数量占比和受众响应转化比率，受众行为及表征以及由其所带来的消费转化数据。

7.4.2.2 受众响应转化是指在一定广告排期内，户外广告媒体可以识别和追踪受众的有效响应转化，包括：

—— 联想引流，指受众通过广告对内容产生兴趣，从而引发主动关注的行为；

—— 广告接触频次，指在一个广告排期内，受众接触该广告次数的多少；

—— 广告收益指标，指通过广告相关产品的销售收益增长变化的经济指标。

7.4.2.3 由该广告媒体运营机构和广告主商定后的第三方媒体监测机构进行测定评估并提供数据。

7.5 组织声誉

7.5.1 基本信用

7.5.1.1 包括构成一个企事业机构商务信用状况的基本信用信息，具体包括：组织性质、运营年份、透明度。

—— 组织性质，采用各级市场监督管理机构的工商登记信息，对媒体运营状况的实际控制单位或机构进行评估归类，根据媒体性质可归为：中央媒体、国资控股媒体、国资参股媒体、民营上市媒体、民营非上市媒体等。

—— 运营年份，该组织上线运营起始日至评估日的总时间，按自然年度计算。

—— 透明度，指该媒体对广告投放数据的开放程度和第三方媒体监测的配合程度。测量结果可作为其广告信用评估的维度，包括：

  • 是否开放第三方监测；

  • 是否支持 CRS 监测机制；

  • 是否支持《互动广告》国家标准的参数传输；

  • 是否支持符合《互动广告》国家标准的 SDK 监测；

  • 是否开放可见性与无效流量验证；

  • 是否支持符合《互动广告》国家标准的 SDK 验证；

  • 是否支持回传上下文和剧目信息；

  • 是否支持独立第三方审计机构专项审计。

7.5.1.2 由该广告媒体运营机构提供评估数据、企业管理制度以及相关资质证明文件等材料。

7.5.2 运维管理

7.5.2.1 经营权属

经营权属是指数字户外广告在空间使用上的权限范围、空间使用的时间范围以及人员限定。包括：

—— 空间的产权，管理权，使用权等；

—— 空间使用的权限范围；

—— 空间使用的时间范围；

—— 空间使用的人员数量限定；

—— 空间运营的目标，包括但不限于公益；

—— 空间使用的障碍，包括但不限于门票、消费；

—— 空间维护水平。

7.5.2.2 内容审核流程合规性

7.5.2.2.1 内容审核流程合规性由该广告媒体运营机构提供评估数据、企业管理制度以及相关证明材料等。

7.5.2.2.2 内容审计流程应遵守《中华人民共和国广告法》以及各级政府地方的户外广告管理法律法规、条例文件，建立自查自检的媒体广告内容审核流程制度。

7.5.2.3 违法违规事件次数

7.5.2.3.1 违法违规事件次数是指包括广告内容以及广告行为违法违规等次数统计，为户外广告媒体价值维度评估的负面指标。

7.5.2.3.2 以国家相关部门公告通报的媒体违法违规事件为准。

7.5.2.3.3 由该广告媒体运营机构和广告主商定后的第三方媒体监测机构进行测定评估并提供数据。

7.5.2.4 日常运维事故次数

7.5.2.4.1 日常运维事故次数指户外广告媒体的日常运行发布过程中出现黑屏空屏、乱码、短路等运维事故次数的监测统计，是户外广告媒体价值维度评估的负面指标。

7.5.2.4.2 由该广告媒体运营机构和广告主商定后的第三方媒体监测机构进行测定评估并提供数据。

7.5.3 公共安全

7.5.3.1 户外广告媒体公共安全具体包括：广告内容安全、技术与材料安全、信息安全以及数据隐私保护等。

7.5.3.2 由该广告媒体运营机构、户外广告媒体相关管理监测机构进行测定评估并提供征询报告。

7.5.4 效益评估

7.5.4.1 效益评估是指数字户外广告媒体运营机构的经营管理效益和利润水平，具体包括：定价水平、经营规模以及可持续风险评估。

7.5.4.2 由该广告媒体运营机构自行提供。

7.5.5 社会贡献

7.5.5.1 是指数字户外广告媒体运营机构对于相关户外媒体所有权机构、区域经济和社会所作的贡献，可包括媒体受众对其所发布广告的信任度、媒体社会声誉等的进一步评估。

7.5.5.2 社会贡献指标的评估维度应根据评估的目的和重点，有的放矢地进行选择和设定，包括：商业贡献度、环境贡献度和公益贡献度。

> 注：公益贡献度指户外广告媒体经营机构对于社会公共领域、公共宣传、公益事业宣传发布的支持程度，包括但不限于社会公益信息、公共安全信息（如台风、地震等）及时警示警报、公益广告发布等。

7.5.5.3 社会贡献指标的测量步骤如下：

  a）设计指标：挑选关键媒体社会贡献评估指标，设计恰当的问卷；

  b）问卷采集：可通过线上或短信随机发送调研问卷进行调研。

7.5.5.4 每个户外广告媒体的受众人群应满足的最小样本量为100。

7.5.5.5 由该广告媒体运营机构或第三方市场调查研究机构进行测定、提供征询研究报告。

8 评估机构

8.1 评估机构选择

8.1.1 选择数字户外广告评估与测量机构应保证其身份的独立性，与任何委托单位以及数字户外媒体之间无直接股权、投融资关系，所使用评估数据应公正、客观，所有评估过程和结果应经由第三方审计公司审计通过。

8.1.2　数字户外广告媒体的内容发布监管应由市场监督管理部门委托第三方媒体监测机构进行测定评估。

8.1.3　数字户外广告媒体环境评估应由广告主和户外媒体方商定后的第三方媒体监测机构进行测定评估，此评估机构负责对收集到的信息进行清洗、量化、加权、分析、处理并形成评估报告。

8.2　评估报告要求

8.2.1　本文件规定的数字户外广告媒体价值评估维度为基本要求。

8.2.2　数字户外广告媒体价值评估机构应执行户外广告媒体价值评估维度的基本要求。

8.2.3　评估机构出具的数字户外广告媒体价值评估报告应包括但不限于户外环境、广告呈现、广告效果、组织声誉等数字户外广告媒体价值的评估维度。

9　价值评估应用

9.1　维度增加

可根据相关户外广告管理条例和具体户外广告点位的特殊性增加评估维度。

9.2　评估维度加权

数字户外广告媒体价值评估维度因素一般根据价值重要程度的顺序由大到小排列。使用时可根据实际使用需要赋予相应的权重系数，以便对数字户外广告媒体价值进行比较研究。

9.3　评估结果

数字户外广告媒体价值评估结果可作为数字户外媒体广告在业务经营中报价议价、合同双方纠纷仲裁、损失赔偿认定的有效依据，也可作为户外广告媒体租赁、代理经营权交易的价值评估依据。

ICS 03.080.20
CCS A 10/19

T/SHAA

上 海 市 广 告 协 会 团 体 标 准

T/SHAA 0002.8—2024
代替 T/SHAA 000208—2023

数字广告
第 8 部分：数字电视广告内容技术规范

Digital Advertising Part 8: Technical Specifications for Digital Television
Advertising Content

2024-08-28 发布

2024-09-01 实施

上海市广告协会　发 布

目　次

1　范围 ··· 51

2　规范性引用文件 ··· 51

3　术语和定义 ··· 51

4　缩略语 ··· 52

5　基本要求 ·· 52

　5.1　媒体方 ·· 52

　5.2　广告主 ·· 52

　5.3　广告代理商/服务商 ··· 52

6　广告内容要求 ·· 53

　6.1　通用要求 ··· 53

　6.2　开机广告 ··· 53

　6.3　插播广告 ··· 53

　6.4　公益广告 ··· 54

　6.5　慎用品类广告 ··· 54

7　广告技术要求 ·· 54

　7.1　音视频质量 ·· 54

　7.2　广告内容的技术格式和编码 ··· 55

　7.3　广告兼容性 ·· 55

8　广告播出要求 ·· 55

　8.1　广告播放 ··· 55

　8.2　广告标记 ··· 56

9　广告审核要求 ·· 56

　9.1　播前内容审核 ··· 56

　9.2　异常广告播后处理 ··· 56

10　价格核定要求 ··· 56

　10.1　价格 ·· 56

　10.2　订单输入和订单管理 ·· 57

数字广告
第8部分：数字电视广告内容技术规范

1 范围

本文件规定了数字广告中电视广告的基本要求和广告内容、广告技术、广告播出、广告审核及价格核定的要求。

本文件适用于上海市各类提供数字电视广告设计、制作、代理、发布服务的自然人、法人或其他组织，亦适用于为推销商品或者服务，自行或者委托他人设计、制作、发布数字电视广告的自然人、法人或者其他组织。

2 规范性引用文件

下列文件中的内容通过文中的规范性引用而构成本文件必不可少的条款。其中，注日期的引用文件，仅该日期对应的版本适用于本文件；不注日期的引用文件，其最新版本（包括所有的修改单）适用于本文件。

GB/T 34090.1-2017 互动广告 第1部分：术语概述
GB/T 41808-2022 高动态范围电视节目制作和交换图像参数值
GB/T 41809-2022 超高清晰度电视系统节目制作和交换参数值
GY/T 282-2014 数字电视节目平均响和真峰值音频电平技术要求
GY/T 358-2022 高动态范围电视系统显示适配元数据技术要求
GY/T 363-2023 三维声编解码及渲染

3 术语和定义

GB/T 34090.1-2017界定的以及下列术语和定义适用于本文件。

3.1

数字电视广告 digital TV advertising
利用数字化手段对广告视频进行录制、存放、编辑、压缩或播放的数字电视媒体特有的广告形式。

3.2

互联网电视 over the top TV（OTT TV）
以互联网为定向传输通道，接入互联网电视集成平台，接收视频及图文信息并向用户提供服务的电视形态。

3.3

公益广告 public service advertisement

不以营利为目的、为社会公众的利益和社会风尚服务的广告。

4 缩略语

下列缩略语适用于本文件。

GRP：总收视率（Gross Rating Point）

TVC：电视广告（TV Commercial）

OTT：通过互联网向用户提供各种应用服务（Over the Top）

DPI：每英寸长度内像素点数（Dots Per Inch）

FPS：画面每秒传输帧数（Frames Per Second）

dB：声音大小单位（Decibel）

5 基本要求

5.1 媒体方

5.1.1 媒体方应制定并公开管理规则和平台公约、协议，并依法依约建立对广告主、代理商／服务商进行管理的组织、制度和执行机制，履行相应管理职责。

5.1.2 媒体方应加强对广告播出质量的监控，保障数字电视广告在播放过程中的清晰度、完整性、音视频同步性以及广告插播的准确性。

5.1.3 媒体方应确保数字电视广告的播出时间和频次合理，遵循广告法和电视广告规范的要求，避免频繁打扰观众或超过规定的广告时长限制。

5.1.4 媒体方应建立投诉受理和处理机制，及时处理观众和广告主的投诉，并积极与相关方沟通和解决问题。

5.1.5 媒体方应定期进行自查和评估，保障广告播放的合规性和质量，并提供相应的改进建议和优化方案。

5.1.6 媒体方应建立有效的投放监管机制，防止恶意竞争、价格歧视和不正当竞争行为。

5.1.7 媒体方应积极参与行业自律组织和活动。

5.2 广告主

5.2.1 广告主应具备相应的资质许可，合法经营，并承担相应的社会责任。

5.2.2 广告主应尊重消费者权益，在合理范围内采集、运用个人信息进行广告投放。

5.2.3 广告主应积极回应消费者反馈和投诉，及时处理问题并改进广告内容和策略。

5.2.4 广告主应积极参与数字电视广告行业的自律组织和活动，共同推动行业的健康发展和自律规范的落实。

5.3 广告代理商／服务商

5.3.1 广告代理商／服务商应与广告主签订明确的广告代理合同，明确双方的权益和责任。

5.3.2 广告代理商／服务商应提供价格透明度，避免增加不合理的附加费用。

5.3.3 广告代理商／服务商应建立投诉受理和处理机制，及时处理广告主和媒体方的投诉，并积极解决纠纷。

5.3.4 广告代理商／服务商应对广告素材进行审核。

5.3.5 广告代理商／服务商应与广告主、媒体主建立诚信合作关系，保护广告主和媒体主的合法权益。

5.3.6 广告代理商／服务商应提供准确、完整的广告订单信息，并将订单准确输入系统，保障订单的准确性和及时性。

6 广告内容要求

6.1 通用要求

6.1.1 广告内容应符合行业规范和用户期望，以用户为导向，提供有价值、积极健康、有吸引力的信息，避免过度商业化和对观众的频繁打扰。

6.1.2 广告内容应注重创意和艺术性，具有较高的审美价值和观赏性。

6.1.3 广告内容应避免使用过度噪声、刺激或不适宜的音效和视觉效果。

6.1.4 广告内容应尊重消费者的隐私权和个人信息安全，在合理、合法范围内收集、使用消费者的个人信息。

6.1.5 广告内容中使用的表达（如与节目共同使用的 Logo）或声音（如音乐）需要注意，应让观众容易意识到这是广告，而非节目。

6.2 开机广告

6.2.1 有线电视智能机顶盒开机过程所需时间应不大于 35 s，不应因播放开机广告等特定内容延长开机时间。

6.2.2 有线电视终端和 IPTV 终端应提供"开机进入全屏直播"和"开机进入突出直播频道的交互主页"两种"开机模式"选项，系统默认设置宜为"开机进入全屏直播"。

> 注：IPTV：即交互式网络电视（interactive personality TV），利用宽带网，集互联网、多媒体、通信等技术于一体，向家庭用户提供包括数字电视在内的多种交互式服务的崭新技术。

6.2.3 交互主页布局应符合用户界面交互主页布局要求的规定。选择进入交互主页开机模式的，开机后默认焦点应停留在直播窗口，且如果用户在 20 s 内无操作，应自动进入全屏直播。

6.2.4 互联网电视应用启动时间宜小于 3 s，且应不大于 5 s。

6.2.5 互联网电视应用的启动广告时间应包含在互联网电视应用启动时间内。不应因播放开机广告等特定内容延长开机时间。互联网电视交互主页不应设置弹窗广告。

6.3 插播广告

6.3.1 插播广告应选择节目的自然段落或过渡点进行，应避免在节目的情感高潮或关键剧情转折点过度插播广告，以减少对正常节目观看的干扰。

6.3.2 插播广告的频次在每 60 min 节目中应控制在 2 次以内，每次时长不宜超过 60 s，以维护观众观看体验。

6.3.3 暂停广告播放时长应适度，不宜超过 30 s，并应提供明确的选项，允许用户在 5 s 内选择是否继续观看广告。

6.3.4 应设置可以直接关闭的标志。如有倒计时，应设置"跳过"按钮，且不需计时结束即可关闭广告。

6.4 公益广告

6.4.1 数字电视媒体有义务刊播公益广告，公益广告应占据所有广告播出总时长的至少10％。

6.4.2 公益广告应优先安排在黄金时段（11：00至13：00）或观众收视率较高的时间段（19：00至21：00）播出。

6.4.3 公益广告应在显著的位置进行宣传展示，通过在广告播出期间使用特殊标识、边框或其他方式，使公益广告在观众观看时能够更加显眼和易于辨识。

6.5 慎用品类广告

6.5.1 广告代理商／服务商应根据法律法规和行业规范，制定慎用品类的清单和标准，以限制或禁止某些敏感或不适宜的产品或服务在数字电视广告中的投放。

6.5.2 慎用品类包括但不限于医疗保健产品、药品、保健品、食品、饮料、化妆品、烟草制品、酒类、教育培训服务、金融产品和服务等。

6.5.3 应对慎用品类的广告进行严格审核和审查。

6.5.4 广告代理商／服务商应与广告主进行充分的沟通和了解，了解他们的产品或服务特点，以便判断是否属于慎用品类，并提供相应的建议和指导。

6.5.5 广告代理商／服务商应与广播电视台、广告主和相关部门密切合作，共同制定和执行慎用品类的规定和措施。

7 广告技术要求

7.1 音视频质量

7.1.1 广告影像应保持画面清晰，无明显信号噪声，不存在与内容无关的跳动、闪动或马赛克等异常失真现象。影像画面的明暗层次应与广告内容相对应，明暗细节层次丰富，画面柔和细腻，亮度信号无全程偏低或过高现象。

7.1.2 影像画面的色彩应保持自然、清晰，人物肤色正常，图像色彩一致性好，无明显彩色失真。

7.1.3 成品节目画幅比例的标识应与画面相符。

7.1.4 成品节目中应避免出现如下画面：

—— 与广告视频内容无关的、全帧亮度信号样值均低于18（8 bit）或72（10 bit）的黑场画面；

—— 与广告视频内容无关的、全帧色差信号（C、Cr）样值间差值小于10（8 bit）或40（10 bit）的6单色画面；

—— 与广告视频内容无关的彩条画面；

—— 与广告视频内容无关的静帧画面。

7.1.5 广告播放的音视频质量应保持清晰度、完整性和音视频同步性，以保障广告信息的准确传达和观众的良好观看体验。如广告图片、视频素材分辨率应不低于1 920×1 080像素，或不低于当前数字电视输出分辨率或屏幕分辨率的二分之一。广告图片素材不应低于72 DPI。广告视频素材不应低于25 FPS。

7.2 广告内容的技术格式和编码

7.2.1 高清广告应满足以下要求：

—— 视频的分辨率为 1 920×1 080 像素，纵横比为 16∶9，帧率不低于 25 FPS。参照 AVS+ 编码，高清广告视频编码码率不低于 8 Mbps；

—— 音频应支持立体声或 5.1 环绕声，立体声音频编码码率不低于 256 Kbps；5.1 环绕声音频编码码率不低于 384 Kbps，采样率为 48 kHz。

7.2.2 超高清广告应满足以下要求：

—— 视频的分辨率为 3 840×2 160 像素（4K），纵横比为 16∶9，帧率不低于 50 FPS，量化精度为 10 bit，采用 GB/T 41809-2022 中规定的色域、GB/T 41808-2022 中规定的高动态范围（HDR），可选支持 GY/T 358-2022 规定的 HDR 视频显示适配。参照 AVS2 编码，超高清广告视频编码码率不低于 6 Mbps。

—— 音频支持立体声、5.1 环绕声或三维声。立体声音频编码码率不低于 256 Kbps，5.1 环绕声音频编码码率不低于 448 Kbps，采样率为 48 kHz，三维声解码符合 GY/T 363-2023 的规定。

7.2.3 互联网电视广告内容技术格式和编码标准应满足以下要求：

—— 视频格式为 MP4，全高清分辨率为 1 920×1 080 像素，纵横比为 16∶9，帧率不低于 29.97 FPS，编解码格式为 H.264，视频码率不低于 20 Mbps；

—— 音频支持立体声，立体声音频编码码率不低于 320 Kbps，采样率为 48 kHz，编解码格式为 AAC-LC。

7.2.4 广告响度应满足以下要求：

—— 音频平均响度技术要求符合 GY/T 282-2014 中的规定；

—— 音频平均响度目标值为 -24 LKFS；

—— 音频平均响度目标值容差范围为 -24 LKFS±2 LU；

—— 应避免数字电视广告播放音量过大影响观众，广告对音量进行限制，设置默认广告音量，默认值不宜高于 45 dB。

7.3 广告兼容性

7.3.1 应具备多平台适配性，能够在不同数字电视平台上流畅展现，包括但不限于智能电视、OTT 设备等。

7.3.2 广告内容应根据不同平台的分辨率进行适配，以保障图像质量和显示效果。

8 广告播出要求

8.1 广告播放

8.1.1 在黄金时段 19∶00 至 21∶00 之间，控制适量合理的广告播出时长，累计不超过 18 min。

8.1.2 广告间隔时间应适当，避免频繁打断节目，特别是儿童节目和教育类节目。

8.1.3 应避免在紧急新闻报道、重大事件直播等节目中插播广告。

8.1.4 广告播放应按照预定的时间和频次进行，遵循广告法和电视广告规范的要求，避免频繁打扰观众或超过规定的广告时长限制。

8.2 广告标记

8.2.1 广告标记应置于广告内容的显著位置，让观众能够迅速辨识广告信息。

8.2.2 广告标记的字体、颜色和大小应保持一致，使其在各种显示设备上清晰可见。

8.2.3 不同广告形式（开机广告、插播广告、悬浮广告、角标广告等）的标记应具有区分度，方便观众辨认。

8.2.4 标记应能清晰区分广告类型，特别是公益广告，应有明确的标识，以区别于商业推销。

9 广告审核要求

9.1 播前内容审核

9.1.1 媒体方应对主体资质进行审核，包括《营业执照》《事业单位法人登记证》《组织机构代码证》等资质。审核要点如下：

——营业执照名称：应与系统中录入的、和媒体方签订的相关广告协议及其他相关文件中出现的广告主名称一致；

——营业期限：应涵盖广告的投放期限及产品、服务的提供期限；

——经营范围：经营范围应涵盖待推广的业务；

——年审情况：核查企业登记状态及是否被列入经营异常名录；

——法定代表人身份证信息应与营业执照法定代表人信息一致，应上传法定代表人身份证正反面扫描件或复印件。

9.1.2 应积极结合大数据、人工智能等技术，构建禁用词语、禁用图片、涉政内容等风险规则库，加强、完善对广告内容的审核。

9.1.3 广告代理商／服务商应为广告设置有效性，有效性标识应至少包含时间有效性，可自行扩展其他有效性。媒体方在每次开机后应审核本次广告有效性，对于已经失效的内容，应不再播出。

9.2 异常广告播后处理

9.2.1 可利用人工智能、大数据分析等技术，对广告内容进行自动化的审核和监测，发现违规行为并及时采取措施。

9.2.2 如发现广告播出过程中存在技术故障、播放错误、被受众投诉或其他异常情况，应及时采取措施进行纠正或补救，以保障广告的完整播放和正确传达。

9.2.3 对于违规广告应进行处罚和纠正，包括警告、罚款、暂停广告播放资格或撤销广告许可等。

10 价格核定要求

10.1 价格

10.1.1 广告服务商应提供明确的价格标准和费用结构，让广告主充分了解广告费用的计算方式和收费标准。价格核定规范应包括广告时段、广告长度、广告位置等因素的计费方式，并明确附加费用的项目和金额。

10.1.2 广告服务商不应存在不合理的价格歧视行为，对同等条件下的广告主应提供公平、合理的价格报价和服务。

10.1.3 广告服务商应根据广告主的需求和预算限制，提供灵活的定价方案和选择，以满足不同广告主的需求。

10.1.4 广告服务商应建立公开的价格监管机制，接受相关部门或行业组织的监督和检查，以确保价格的公平、合理和透明。

10.2 订单输入和订单管理

10.2.1 广告服务商应与广告主建立有效的订单输入和确定机制，确保订单的准确性和及时性。订单输入和确定规范应包括订单信息的录入、确认和修改流程，明确双方的权益和责任。

10.2.2 广告服务商应及时处理订单信息，确保订单的及时确认和广告投放的准确性；应与广告主保持紧密合作，确保订单信息的准确传递和执行。

10.2.3 广告服务商应建立有效的订单管理系统，确保订单信息的记录、查询和跟踪及时准确，并提供相应的报告和统计数据。

10.2.4 广告服务商应建立订单管理的备案和归档制度，确保订单信息的保存和追溯性，以应对可能出现的纠纷或争议。

ICS 03.080.20
CCS A 10/19

T/SHAA

上 海 市 广 告 协 会 团 体 标 准

T/SHAA 0002.9—2024
代替 T/SHAA 000209—2023

数字广告
第 9 部分：数字音频广告内容技术规范

Digital Advertising Part 9: Technical Specifications for Digital Audio Advertising
Content

2024-08-28 发布

2024-09-01 实施

上海市广告协会 发布

目　次

1 范围 ……………………………………………………………………………………………… 63

2 规范性引用文件 ………………………………………………………………………………… 63

3 术语和定义 ……………………………………………………………………………………… 63

4 缩略语 …………………………………………………………………………………………… 64

5 广告类型 ………………………………………………………………………………………… 64

　5.1 按呈现形式分类 …………………………………………………………………………… 64

　5.2 按交互形式分类 …………………………………………………………………………… 64

　5.3 按载体形式分类 …………………………………………………………………………… 65

6 内容审核原则 …………………………………………………………………………………… 65

　6.1 导向安全性 ………………………………………………………………………………… 65

　6.2 内容真实性 ………………………………………………………………………………… 65

　6.3 可识别性 …………………………………………………………………………………… 65

　6.4 可量化性 …………………………………………………………………………………… 65

7 内容审核流程 …………………………………………………………………………………… 65

　7.1 初审 ………………………………………………………………………………………… 65

　7.2 复审 ………………………………………………………………………………………… 66

　7.3 三审 ………………………………………………………………………………………… 66

　7.4 三级审核流程图 …………………………………………………………………………… 66

　7.5 异常音频广告播后处理 …………………………………………………………………… 66

8 内容要求 ………………………………………………………………………………………… 67

　8.1 基本要求 …………………………………………………………………………………… 67

　8.2 广告播出要求 ……………………………………………………………………………… 67

　8.3 公益广告 …………………………………………………………………………………… 68

　8.4 插播广告 …………………………………………………………………………………… 68

　8.5 慎用品类广告 ……………………………………………………………………………… 68

9 广告文件要求 …………………………………………………………………………………… 69

　9.1 数字音频广告 ……………………………………………………………………………… 69

　9.2 随播展示广告 ……………………………………………………………………………… 69

10 广告技术要求 ………………………………………………………………………………… 69

　10.1 音频录制要求 …………………………………………………………………………… 69

　10.2 数字音频广告对接技术形式 …………………………………………………………… 71

　10.3 数字音频广告数据传输要求 …………………………………………………………… 71

11 广告结算规则 ·· 72

    11.1 CPH 结算 ··· 72

    11.2 刊例价结算 ·· 72

数字广告
第9部分：数字音频广告内容技术规范

1 范围

本文件规定了数字音频广告的类型、内容审核原则、内容审核流程、内容要求、广告文件要求、广告技术要求和广告结算规则。

本文件适用于上海市各类提供数字音频广告设计、制作、代理、发布服务的自然人、法人或其他组织，亦适用于为推销商品或者服务，自行或者委托他人设计、制作、发布数字音频广告的自然人、法人或者其他组织。

2 规范性引用文件

下列文件中的内容通过文中的规范性引用而构成本文件必不可少的条款。其中，注日期的引用文件，仅该日期对应的版本适用于本文件；不注日期的引用文件，其最新版本（包括所有的修改单）适用于本文件。

GB/T 34090.1-2017 互动广告 第1部分：术语概述
GY/T 275-2013 电台节目制播质量监测技术规范

3 术语和定义

GB/T 34090.1-2017界定的以及下列术语和定义适用于本文件。

3.1

数字音频 digital audio
使用脉冲编码调制、数字信号录音，包含数字模拟转换器、贮存以及传输。

3.2

数字音频广告 digital audio advertising
通过数字音频技术传播和收听的所有音频广告内容，主要包括借助音频节目（播客）、有声书及广播剧、音频直播、网络电台和部分IoT设备等形式传播和收听的音频广告。

3.3

音频广告平台 audio advertising platform
基于数据分析和机器学习技术，为广告主提供投放决策支持和优化服务的音频广告决策平台。

注： 音频广告平台通常集成了多种功能，如数据收集、分析、预测和优化等，帮助广告主更好地了解目标受众、制定投放策略、评估广告效果，并持续优化广告投放。

3.4

声道 audio channel

数字音频广告中各路声音的通道标识。如立体声中的左声道、右声道，环绕声中的前左声道、前右声道、中置声道、左环绕声道、右环绕声道等。

3.5

随播展示广告 companion advertisement

随播展示广告是一种与视频广告或音频广告一起显示的展示广告。

注：数字音频广告中的随播展示广告会为用户提供一个可点击的区域，并且在音频广告播放完毕后会继续显示在屏幕上。

4 缩略语

下列缩略语适用于本文件。

IoT：物联网（Internet of Things）

kHz：千赫，无线电频率单位（Kilohertz）

Kbps：千比特每秒，数字信号的传输速率（Kilobit Per Second）

LU：响度单位（Loudness Unit）

LUFS：相对完整刻度的响度单位（Loudness Units Referenced to Full Scale）

dB TP：以分贝表示的真峰值音频电平（True Peak Level in dB）

LKFS：K 加权下相对于标称满刻度的响度（Loudness, K-Weighted, Relative to Nominal Full Scale）

WAV：波形声音文件（Wave Form）

MP3：动态影像专家压缩标准音频层面 3（Moving Picture Experts Group Audio Layer Ⅲ）

OGG：开源的音频压缩格式（OGG Vorbis）

SFX：自解压文件（SelF-eXtracting）

VO：画外音（Voice Over）

PCM：脉冲编码调制（Pulse Code Modulation）

dB FS：全分贝刻度（Decibels Full Scale）

API：应用程序编程接口（Application Programming Interface）

SDK：软件开发工具包（Software Development Kit）

CPH：千次收听成本（Cost Per Hear）

5 广告类型

5.1 按呈现形式分类

分为视觉伴随音频广告和纯音频广告。

—— 视频伴随的音频广告是一组广告素材，由视觉内容（一般是图片或者视频）和音频内容组合而成。

—— 纯音频广告是只有音频格式的素材。

5.2 按交互形式分类

分为可交互音频广告和不可交互音频广告。

5.3 按载体形式分类

5.3.1 按使用场景分类

可分为车载场景广告、移动场景广告和 IoT 设备场景广告。

5.3.2 按传输流程分类

可分为终端媒体广告和广告平台广告。

6 内容审核原则

6.1 导向安全性

6.1.1 数字音频广告内容应健康有益,严格遵守国家相关法律法规、总局及网络视听行业相关管理规定。

6.1.2 数字音频广告应与时俱进地根据广告审查相关管理要求进行内容审核把关,确保导向安全,符合社会公序良俗。

6.2 内容真实性

6.2.1 数字音频广告素材应真实、合法。

6.2.2 数字音频广告所推广的商品或服务的信息应真实、有效,严格遵循公平、诚信的原则。

6.3 可识别性

6.3.1 数字音频广告播放前,应通过清晰的语音明确提示其为"广告",不应使用"赞助""推广""推荐""AD"等替代词语。

6.3.2 数字音频广告素材应有一个独特的声音标志,如一段特殊的音效或旁白,帮助消费者识别和记忆广告内容。

6.3.3 数字音频广告素材应结合声音营销的理念,通过声音的独特性和差异性打造品牌形象和品牌价值。

6.4 可量化性

6.4.1 数字音频广告素材应具备量化指标,如声音的响度、音频的清晰度、声音的节奏等。

6.4.2 数字音频广告素材应进行声音设计,包括声音的定位、音效的处理、声音的层次感等。

6.4.3 数字音频广告素材应具有吸引人的声音文案,能够突出广告的主题和卖点,吸引消费者的注意力。

6.4.4 数字音频广告素材应进行量化分析,包括声音的频谱分析、声音的空间分析、声音的时序分析等。

6.4.5 数字音频广告素材应进行音频优化,包括音效的优化、背景音乐的优化、旁白的优化等。

7 内容审核流程

7.1 初审

7.1.1 数字音频广告平台应进行数字音频广告的初审,在广告发布前审核相关广告证明文件、广告内容，并履行以下职责：

    —— 审查待审核数字音频广告；

    —— 管理数字音频广告审查档案；

    —— 协助处理数字音频广告管理的其他有关事宜。

7.1.2 数字音频广告平台应按照下列程序进行审查：

    a）查验数字音频广告介质、资质证明文件的真实性、合法性、有效性，对证明文件不全的，应立即补充证明文件；

    b）审核广告内容是否真实、合法，是否符合社会主义精神文明建设的要求；

    c）检查广告音频形式和使用的文字内容以及随播展示素材是否符合有关规定；

    d）审查数字音频广告整体效果，确认其不致引起消费者的误解；

    e）提出对该广告同意、不同意或者要求修改的意见。

7.2 复审

数字音频广告的复审，应包括如下的要求：

    —— 数字音频广告平台的数字音频类广告经营管理部门负责人应对初审通过的广告进行复查、审核；

    —— 经复查、审核符合广告法律法规及相关标准规定的数字音频广告，方可发布；

    —— 复审人员应完整、全面记录审核意见，确保时间点准确，意见明晰。

7.3 三审

7.3.1 数字音频广告平台对用户举报、投诉的广告，应重新审查核实，要求广告主就被举报、投诉的事项作出说明，补充提供有关证明材料。

7.3.2 对广告主不能提供证明材料或者提供的有关证明材料不足以证实广告内容的真实性、合法性，数字音频广告平台应立即停止发布该广告。

7.3.3 采取全部人工审核的数字音频广告平台，实行初审、复审、三审三级广告审查制度，明确三级广告审查责任。流程要求如下：

    a）在上述三个环节均审核通过的广告作品方能发布；

    b）在初审、复审、三审任一环节未通过的广告作品，应重新修改，修改后的广告作品应经过重新审核后方能发布；

    c）不得擅自变更或者篡改已经审查通过的广告内容。

7.4 三级审核流程图

数字音频广告内容审核的主要流程和关键节点，见图1。

7.5 异常音频广告播后处理

7.5.1 如果发现广告播出过程中存在技术故障、播放错误、被受众投诉或其他异常情况，应立即进行数字音频广告的紧急停播工作，并及时采取措施进行纠正或补救；

7.5.2 异常音频广告的播后处理应及时做好登记、调查、回复、报送、归档等工作，包括广告播放数据的记录和分析。

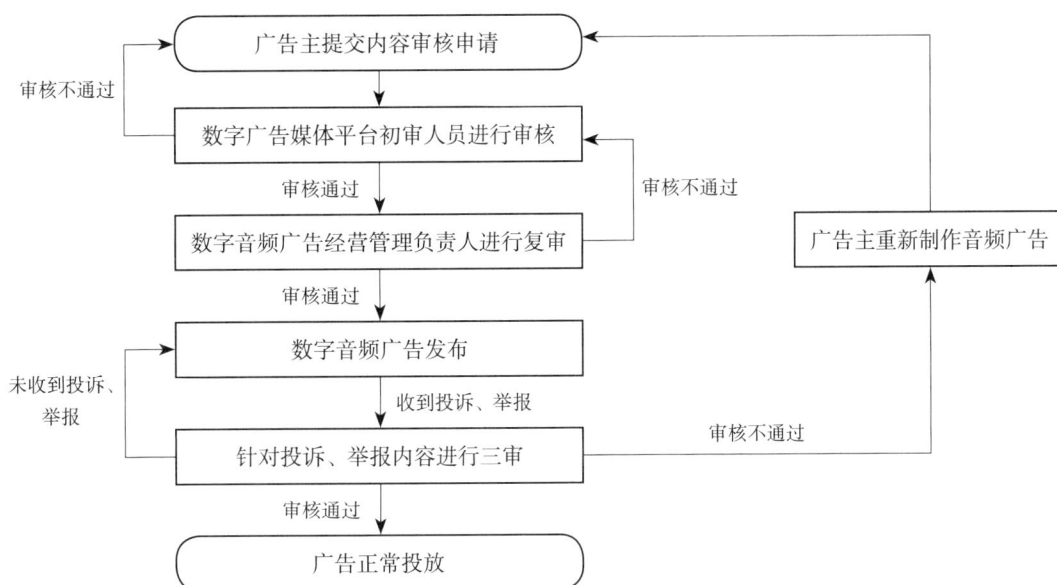

图 1 数字音频广告初审、复审、三审三级审核流程图

8 内容要求

8.1 基本要求

8.1.1 应避免出现法律行政法规明令禁止生产、经营的商品或服务以及禁止发布广告的商品或服务。

8.1.2 应避免使用绝对化用语。

8.1.3 应维护国家尊严和党的形象，维护社会公共利益与良好风尚，保护弱势群体，应避免使用歧义性语言或出现歧视性内容。

8.1.4 应包含清楚易分辨的提示语，说明该段音频的广告性质，并对其中可能存在的风险做出提示，时长应不少于 2 s。

8.1.5 应符合用户期待，提供有价值、有吸引力的信息，避免过度商业化和对听众的过度打扰。

8.1.6 应避免过度使用噪声、刺激、恐怖或其他不适宜的音效，文化品位良好，保证音频内容的高质量制作。

8.1.7 在没有随播展示广告的情况下，应使用准确、清楚、明白、易理解的语言传达数字音频广告信息。

8.2 广告播出要求

8.2.1 单个数字音频广告的时长不宜超过 60 s。

8.2.2 数字音频广告播出前，应有播放广告的口语提示。

8.2.3 应避免播出无资质的内容或者使用未经授权的音频素材。具有专利等需要注明的情况，应添加相关证明文件。

8.2.4 应为音频广告设置有效性。有效性标识应至少包含时间有效性，可自行扩展其他有效性，对于已经失效的内容，应不再播出。

8.2.5 应尊重公众生活习惯。在 6：30 至 7：30、11：30 至 12：30 以及 18：30 至 20：00 的公众用餐时间，应避免推送容易引人反感的广告内容。

8.2.6 在中小学生假期和未成年人相对集中的收听时段，或者以未成年人为主要传播对象的频道、节（栏）目中，应避免推送不适宜未成年人收听的其他商业音频广告。

8.2.7 利用算法推荐等方式播出数字音频广告的，应将其算法推荐服务相关规则、广告投放记录等记入广告档案。

8.3 公益广告

8.3.1 内容要求

公益广告的内容应符合如下要求：

——公益广告内容应与商业广告内容相区别，商业广告中涉及社会责任内容的，不属于公益广告；

——音频内容与随播文件对企业名称和商标标识的展示时长应不超过 5 s 或者总时长的 1/5；

——不应以公益广告名义变相设计、制作、发布商业广告。

8.3.2 播出要求

公益广告的播出应符合如下要求：

——数字音频媒体有义务刊播公益广告，公益广告时长应不低于所有广告播出总时长的 10 %；

——公益广告应优先安排在数字音频媒体黄金时段 11：00 至 13：00 播出；

——鼓励数字音频广告平台结合自身特点原创公益广告，充分运用新技术新手段进行文字、图片、视频、游戏、动漫等多样化展示，论坛、博客、微博客、即时通信工具等多渠道传播，网页、平板电脑、手机等多终端覆盖，长期宣传展示公益广告。

8.4 插播广告

8.4.1 内容要求

插播广告的内容应符合如下要求：

——插播广告不应隐匿频道标识；

——应提升插播广告本身的简洁性、趣味性或艺术性，保证插播广告的高质量制作；

——应避免以虚假的奖励承诺、重复的宣传口号、动态过大的展示等内容形式引起用户注意。

8.4.2 播出要求

插播广告的播出应符合如下要求：

——插播广告应避免影响音频节（栏）目的完整性。除在节（栏）目自然段的间歇外，应避免随意插播广告；

——在数字音频广告平台中单次插播广告时长不宜超过 90 s；

——应避免出现虚假的播放、开始、暂停、停止、返回等标志或其他欺骗、误导用户点击、浏览广告的呈现形式。

8.5 慎用品类广告

8.5.1 广告代理商／服务商应根据法律法规和行业规范，制定慎用品类的清单和标准，以限制或禁止某些敏感或不适宜的产品或服务在数字电视广告中的投放。

8.5.2 慎用品类包括但不限于医疗保健产品、药品、保健品、食品、饮料、化妆品、烟草制品、酒类、教育培训服务、金融产品和服务等。

8.5.3 应对慎用品类的广告进行严格审核和审查。

8.5.4 广告代理商／服务商应与广告主进行充分的沟通和了解，了解他们的产品或服务特点，以便判断是否属于慎用品类，并提供相应的建议和指导。

8.5.5 广告代理商／服务商应与广播电视台、广告主和相关部门密切合作，共同制定和执行慎用品类的规定和措施。

9 广告文件要求

9.1 数字音频广告

数字音频广告的文件要求如下：

—— 文件类型：可选择 WAV、MP3、OGG，按编程需要确定；

—— 音频时长：建议（10～30）s，在此范围内的任何时长均可接受；60 s 以上（含 60 s）的音频广告应与其他音频节目相区别，应在音频广告中包含"此段内容为广告"的提示语；

—— 采样率：44.1 kHz。采样率错误的音频存在以错误速度播放的风险；

—— 比特率：不低于 192 Kbps；

—— 立体声：包含音乐或音效（SFX）的数字音频广告，应将立体声并轨，使广告的不同组成部分（音乐、SFX、VO）放置在声场的不同部分；

—— 总体响度：

 • 建议值为–16 LUFS；

 • 综合平均响度为–16 LUFS±1.5 LUFS；

 • 真实峰值限制为–2.0 dB TP。真实峰值限制是最大值，而不是应达到的数字。具体以数字广告媒体平台要求为准。

9.2 随播展示广告

9.2.1 图像图片类

随播展示广告的图像图片类文件要求如下：

—— 文件类型：包括 jpg、png、zip；

—— 文件大小：由数字广告媒体平台托管的图片广告素材通常不应超过 10 MB。HTML5.zip 文件的大小不受限制；

—— 尺寸：因发布商而异。尺寸上限：4 096×4 096。

具体要求和支持的随播广告素材类型因发布商而异，可查看发布商广告规范获取最新信息。

9.2.2 标语类

参考数字音频广告平台公布的素材要求。

10 广告技术要求

10.1 音频录制要求

10.1.1 音频信号参数

音频信号的取样频率应不低于 48 kHz，应采用 PCM 线性量化，量化比特数不应低于 16 bit。

10.1.2 声音校准信号

声音校准信号为频率 1 kHz 的正弦波，校准电平为−20 dB FS，对应的模拟信号电平为 4 dBu，声道相位相同。

10.1.3 数字音频声道数

数字音频广告制作中，采用无压缩音频，预留声音声道数为 2 路、4 路或 8 路。各路声音的具体分配方案见表 1。

表 1

声道数	声轨	声道
2 路	1	L
	2	R
4 路	1	L
	2	R
	3	C
	4	MS
8 路	1	L
	2	R
	3	C
	4	LFE
	5	LS
	6	RS
	7	F
	8	F

注：L：左声道；C：中央声道；R：右声道；LS：左环绕声道；RS：右环绕声道；LFE：低频增强声道；MS：单声环绕声道；F：自由使用。

10.1.4 音频电平和响度

最大真峰值电平应不超过−2 dB TP，平均响度应为 −24 LKFS，响度容差应为 ±2 LU。

10.1.5 声音质量

10.1.5.1 成品数字音频广告中应避免出现与广告内容无关的、音频电平小于−60 dB FS 的静音。

10.1.5.2 立体声数字音频广告应避免出现 GY/T 275-2013 中 14.2.1 的"左右声道反相"现象。

10.1.5.3 立体声数字音频广告应避免出现两声道内容不相关的现象。

10.1.5.4 数字音频广告效果应避免出现异常起伏、明显失真、明显噪声和断点等异常现象。

10.1.5.5 声音响度应与数字音频广告内容相对应。

10.2 数字音频广告对接技术形式

10.2.1 API 接口对接

数字音频广告的 API 接口对接是一种实现广告平台与广告媒体之间的数据传输和交互的技术手段。通过 API 接口对接，不同的应用程序之间实现数据交换和信息传输、高效地共享数据和信息等功能。

10.2.2 SDK 嵌入式对接

数字音频广告的 SDK 嵌入式对接是一种通过调用应用程序中集成广告平台提供的软件开发工具包中的接口，实现与数字音频广告的媒体终端连接和数据交换的技术手段。SDK 通常由广告平台开发并提供给媒体合作伙伴，媒体合作伙伴将 SDK 集成到自己的应用程序中。通过 SDK 嵌入式对接，数字音频广告平台实现向媒体应用程序发送广告请求、获取广告素材、收集用户的行为数据和点击数据等信息的功能。

10.3 数字音频广告数据传输要求

10.3.1 数据安全和隐私保护

10.3.1.1 应以用户友好的方式和简单易懂的语言公示隐私政策。

10.3.1.2 应只收集与数字音频广告目的明确相关的数据。

10.3.1.3 应采用必要的技术手段实现数据匿名和数据聚合。

10.3.1.4 应采用加密的技术手段对数据传输和存储进行加密。

10.3.1.5 应严格遵守数据保存期限，逾期数据应立即删除或将其标记为已删除且不可用。

10.3.2 数据格式和传输方式

10.3.2.1 数据格式应符合国家标准或行业标准，并取得相关授权；

10.3.2.2 数据传输应采用安全、可靠的方式。

10.3.3 数据共享和交换方式

10.3.3.1 数字音频广告应在用户同意的情况下，才能将用户数据共享给其他方使用；

10.3.3.2 数据共享服务应采用数据脱敏、API 访问、沙箱运行、安全多方计算、联邦学习等多种方式；

10.3.3.3 不同数字音频广告平台之间进行数据交换时，应遵守相关法规和规定。

10.3.4 数据存储和使用方式

10.3.4.1 应合理规划和管理用户数据的存储和使用，确保数据的可用性和完整性；

10.3.4.2 对于需要长期保存的数据，应采取必要的技术和管理措施来保证数据的可追溯性和可审计性。

10.3.5 第三方数据使用方式

10.3.5.1 第三方数据提供者应遵守相关法规和规定，确保数据的合法性和安全性；

10.3.5.2 应严格审核第三方数据的合法性和安全性，并采取必要的技术和管理措施来保证数据的可信度和可用性。

11 广告结算规则

11.1 CPH 结算

CPH 结算方式是供给方与需求方约定好千次完听的计费标准，其结算规则如下：

——广告主应在广告投放之前向数字音频广告平台提前支付全部或部分广告费用；

——数字音频广告平台应在广告投放前确保费用已全额到账。

11.2 刊例价结算

刊例价结算方式是广告主根据数字音频广告平台提供的广告刊例价格与媒体平台进行结算的一种方式，其结算规则如下：

——数字音频广告平台的广告刊例价格应标准明确，包括不同版位、不同形式、不同时间段的广告价格；

——选择一次性结算方式的广告主应在广告投放前向数字音频广告平台支付全部广告费用；

——选择投放效果结算方式的广告主应根据广告的实际投放效果（如交互率、完听量等）向数字音频广告平台支付广告费用。

————————————

ICS 03.080.20
CCS A 10/19

T/SHAA

上 海 市 广 告 协 会 团 体 标 准

T/SHAA 0002.10—2024
代替 T/SHAA 000210—2023

数字广告
第 10 部分：梯媒广告发布管理规范

Digital Advertising Part 10 : Management Specification of Elevator
Medium Advertising

2024-08-28 发布
2024-09-01 实施

上海市广告协会 发 布

目　次

1 范围 ··· 77

2 规范性引用文 ··· 77

3 术语和定义 ·· 77

4 总体要求 ··· 78

5 发布流程 ··· 78

6 广告设置要求 ··· 79

　6.1 基本要求 ·· 79

　6.2 设施位置 ·· 79

　6.3 广告位数量 ··· 80

　6.4 广告位尺寸 ··· 80

7 广告审查要求 ··· 80

　7.1 审查范围 ·· 80

　7.2 审查准则 ·· 81

　7.3 审查内容 ·· 81

　7.4 广告内容要求 ·· 81

8 广告发布要求 ··· 83

　8.1 基本要求 ·· 83

　8.2 播放音量 ·· 83

　8.3 投诉处理 ·· 83

9 运维管理 ··· 84

　9.1 信息安全 ·· 84

　9.2 设施维护 ·· 84

附录 A （规范性）梯媒广告业务审查表 ··· 85

数字广告
第10部分：梯媒广告发布管理规范

1　范围

本文件规定了梯媒广告的术语和定义、总体要求、发布流程及广告设置、广告审查、广告发布和运维管理的要求。

本文件适用于电梯轿厢、电梯门和电梯等候区等位置的广告发布和管理。

2　规范性引用文

下列文件中的内容通过文中的规范性引用而构成本文件必不可少的条款。其中，注日期的引用文件，仅该日期对应的版本适用于本文件；不注日期的引用文件，其最新版本（包括所有的修改单）适用于本文件。

T/SHAA 0002.7-2023　数字广告　第7部分：数字户外广告发布与评估规范

3　术语和定义

下列术语和定义适用于本文件。

3.1

梯媒广告 elevator medium advertising
在垂直升降电梯的区域空间内，借助特定设置的发布设施进行传播的广告形式。

3.2

物业 property
已建成并投入使用的建筑物及其附属设施，分为住宅物业和非住宅物业。

3.3

业主 owner
物业的所有权人。

3.4

物业管理企业 property service enterprises
依法设立，从事物业管理活动的具有独立法人资格的企业。

3.5

广告经营（发布）方 advertisement operator
依法签订电梯广告位租赁合同而得以在物业区域内，利用电梯轿厢、电梯门和电梯等候区进行广告位经营的广告经营性质法人组织。

> 注：物业区域内电梯及电梯等候区的所有权属于全体业主和业主委员会，全体业主授权给业主委员会或物业管理企业，利用电梯轿厢、电梯门和电梯等候区进行电梯广告位租赁业务，与广告经营（发布）方签订租赁合同。

4 总体要求

4.1 电梯广告经营（发布）方在物业区域内开展梯媒广告活动的，应符合国家相关法律法规要求，遵循诚实信用、公平竞争的原则，遵守社会公序良俗。

4.2 梯媒广告发布的网络和信息系统等应符合国家相关信息安全规定。

4.3 在电梯轿厢、电梯门和电梯等候区进行广告发布设施的安装，应符合相关法律法规的设备安全规定，应保障电梯原控制线路的安全性要求，广告的安装、发布不应采取电梯门贴形式。

4.4 发布医疗、药品、医疗器械、农药、兽药和保健品广告，以及法律法规规定其他应进行审查的广告，应在发布前取得相应的审查证明文件。

4.5 电梯广告经营（发布）方应按照国家相关规定，建立、健全广告业务的承接登记、审核、档案管理制度。

4.6 电梯广告经营（发布）方对所有广告内容在发布前应经过审查。

4.7 梯媒广告发布的物业分为住宅物业和非住宅物业。梯媒广告发布的内容审查、广告设施播放音量与运维监管、投诉处理等，按照公共空间的物业属性不同，以及受众人群构成差异性应实施分类管理。

4.8 广告发布后应定期自检并接受外部监督，及时处理相关投诉、举报。电梯广告经营（发布）方，连同委托发布梯媒广告的广告主、电梯广告位出租方，三方对于物业区域内梯媒广告位设置、广告发布与运维管理等具有共同审查监管与投诉处置责任。

4.9 梯媒广告发布设施宜采用数字智能化、网络化等提升运营管理和公共安全管理能力。

4.10 梯媒广告应积极响应公益征用。公益广告在梯媒商业广告的占比应符合 T/SHAA 0002.7-2024 中 6.2.5 的规定。

5 发布流程

梯媒广告发布流程见图 1。表 1 给出了其文字描述和输出内容。

表 1 梯媒广告发布流程

阶段名称	发 布 流 程	输出内容
准备环节	1）广告经营（发布）方与电梯广告位出租方签订广告位租赁服务合同； 2）广告经营（发布）方接到广告投放需求，进行广告业务承接登记	广告位租赁服务合同 广告业务承接登记台账
审查环节	广告经营（发布）方审查广告内容、相关证明文件	广告业务审查表（见附录A）
	广告经营（发布）方制作、发布广告	广告投放画面/视频
发布环节	1）广告经营（发布）方定期维护保养广告发布设施； 2）电梯广告位出租方监督、投诉或举报广告； 3）广告经营（发布）方处理投诉； 4）广告经营（发布）方在合同终止后拆除广告发布设施	广告发布设施维护保养记录 广告投诉处理记录 广告发布设施处置记录

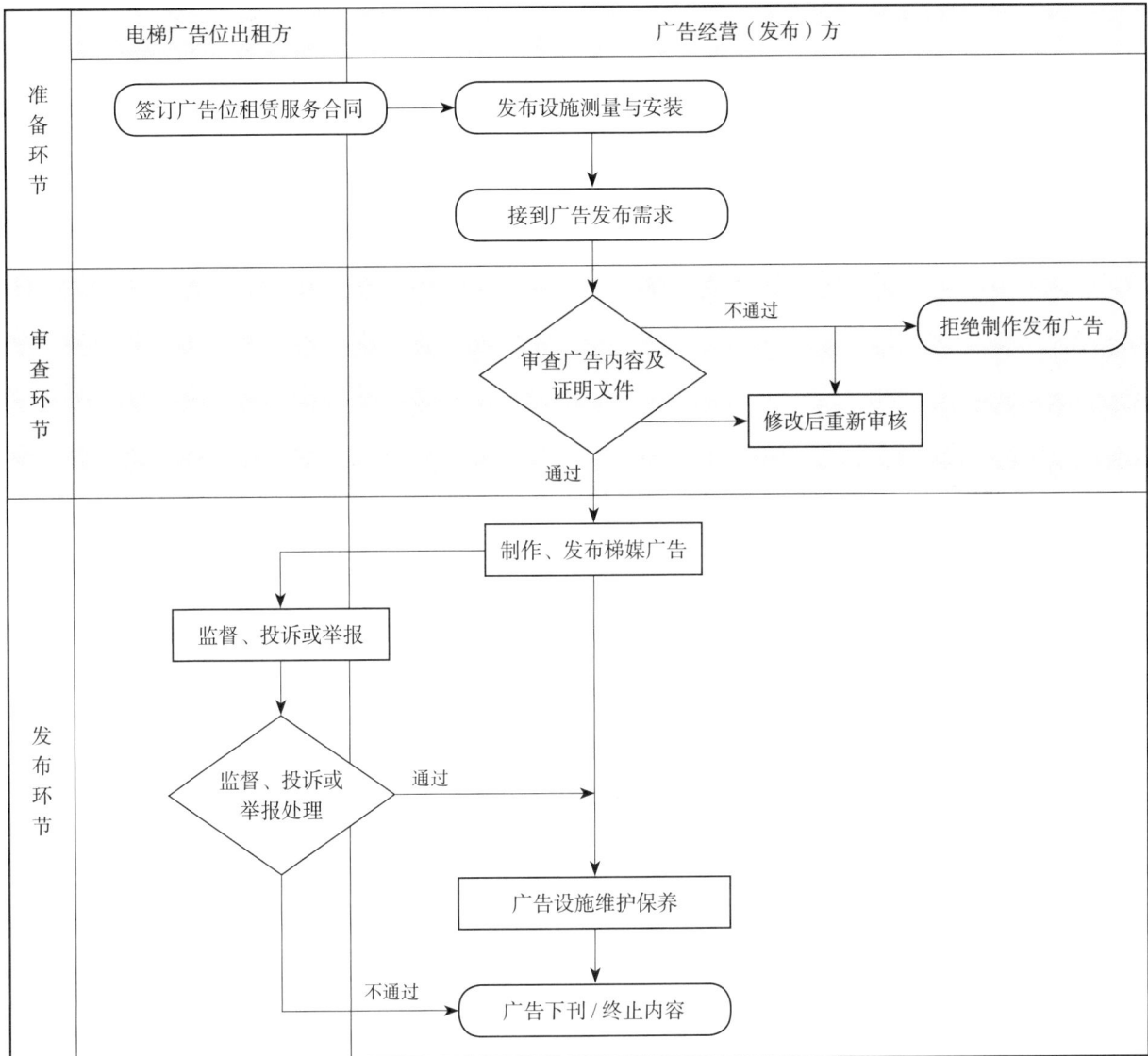

图 1 梯媒广告发布流程图

6 广告设置要求

6.1 基本要求

6.1.1 广告发布设施的安装现场应进行有效的安全管理。

6.1.2 电子屏、投影仪等电子设施应符合相应电磁兼容要求，应不影响电梯的正常运行。

6.1.3 安装于电梯门投影膜形式的广告发布设施应不影响电梯门的正常开关。

6.1.4 电子屏、投影等电子显示设施的显示屏亮度应规范控制，光通量应不超过 300 cd/m²。

6.2 设施位置

6.2.1 广告发布设施不应遮挡电梯铭牌、按钮、标识及安全警示等内容。

6.2.2 同一物业区的广告发布设施宜设置在电梯轿厢、电梯门、电梯等候区的统一位置。

6.2.3 电梯轿厢内的安装要求如下：

—— 电子屏，安装宜首选左门套处。如无法安装，可依次选择右门套、内厢壁靠近厢门与电梯运行显示同侧；

—— 框架，安装宜首选正对面厢壁处，其次为左右两侧厢壁；

—— 投影设备，宜安装在轿厢后壁正上方；

—— 投影膜，宜安装在电梯门正上方，距离地面高度宜不低于 1.7 m。

6.2.4 电梯等候区的电子屏安装宜首选两梯中间居中位置，如无法安装，可依次选择进楼道主动线电梯旁边、单台电梯间电梯按钮区域就近位置。

6.3 广告位数量

6.3.1 住宅物业

6.3.1.1 电梯轿厢内，广告位总数应不超过 4 个。其中，电子屏等电子显示设施安装数量为 1 个，框架安装数量应不超过 3 个。

6.3.1.2 电梯等候区，广告位总数应不超过 2 个。其中，电子屏显示设施安装数量为 1 个，框架安装数量应不超过 1 个。

6.3.2 非住宅物业

6.3.3 电梯轿厢内，广告位总数应不超过 5 个。其中，电子屏或投影等电子显示设施的安装数量为 1 个，框架的安装数量应不超过 4 个。

6.3.4 电梯等候区，根据电梯总数可合理规划广告位数量。

6.4 广告位尺寸

6.4.1 住宅物业

6.4.2 电梯轿厢内，电子屏尺寸应不超过 26 inch，框架尺寸长度应不超过 80 cm，宽度应不超过 60 cm。

6.4.3 电梯等候区，广告位正常位置高度宜为屏底部距地面 140 cm，特殊位置高度宜为屏底部距地面（150～180）cm。

6.4.4 非住宅物业

6.4.4.1 电梯轿厢内，电子屏尺寸应不超过 27 inch，框架尺寸长度应不超过 80 cm，宽度应不超过 60 cm。

6.4.4.2 电梯门上，投影膜形式的广告发布设施尺寸应不超过电梯门面积的 1/3，厚度应不超过 0.08 cm。

6.4.4.3 电梯等候区，广告位正常位置高度宜为屏底部距地面 150 cm，特殊位置高度宜为屏底部距地面（150～180）cm。

7 广告审查要求

7.1 审查范围

7.1.1 应审查广告主的主体资格。查看广告客户有无做某项内容广告的权利能力和行为能力。

7.1.2 应审查广告内容及其表现形式。查看广告是否含有违反广告管理法规和国家其他法律法规的规定，查看广告内容的表现形式是否违反广告管理法规和国家其他法律法规的规定。

7.1.3 应审查证明文件，查验广告客户应当提交和交验的证明文件是否真实、合法、有效。

7.2 审查准则

7.2.1 真实公正

所有广告发布的信息，包括产品特性、价格、优势等都必须准确无误，应不能误导消费者。

7.2.2 尊重权益

不应侵犯他人权利，包括但不限于知识产权、隐私权、公众形象权等。

7.2.3 遵守法规

应符合相关的法律法规、行业规范及平台的政策规定，不应发布涉黄、涉赌、涉暴、欺诈、侮辱性的内容。

7.2.4 符合公众道德

不应包含淫秽、下流、亵渎、歧视或冒犯特定群体的内容。

7.3 审查内容

梯媒广告的审查内容包括但不限于：
—— 广告业务书面合同是否齐全；
—— 委托方主体资格证明文件是否齐全、合法；是否具备与广告内容相匹配的经营资格；
—— 有关部门审查批准文件或者其他证明文件是否齐全、有效；审查批准文件、其他证明文件与广告内容、形式等是否一致；
—— 广告内容是否真实、合法，是否符合《中华人民共和国广告法》等法律法规规章要求，是否符合社会主义精神文明建设要求；
—— 广告表现形式和语言文字使用是否符合规定；
—— 广告计量单位使用是否为国家法定计量单位；
—— 属于发布业务的，是否符合广告发布的规定；
—— 使用他人名义或者形象，以及代言人是否符合规定。

7.4 广告内容要求

7.4.1 基本要求

7.4.1.1 梯媒广告内容中不应包含以下内容：
—— 法律、法规、规章明确规定禁止销售、流通的商品或禁止提供的服务；
—— 允许生产但禁止流通的产品或提供的服务，如枪支弹药、特殊警用装备、麻醉药品、精神药品、医疗用毒性药品、放射性药品等特殊药品，药品类易制毒化学品等；
—— 允许生产、流通但禁止发布广告的产品或服务，如烟草、处方药、非公开募集资金、特定全营养配方食品、中小学（含幼儿园）校外培训等；

—— 如下情形：
- 使用或变相使用中华人民共和国的国旗、国歌、国徽、军旗、军歌、军徽；
- 使用或变相使用国家机关、国家机关工作人员的名义或者形象；
- 使用"国家级""最高级""最佳"等用语；
- 损害国家的尊严或者利益，泄露国家秘密；
- 妨碍社会安定，损害社会公共利益；
- 危害人身、财产安全，泄露个人隐私；
- 妨碍社会公共秩序或者违背社会良好风尚；
- 含有淫秽、色情、赌博、迷信、恐怖、暴力的内容；
- 含有民族、种族、宗教、性别、职业歧视的内容；
- 妨碍环境、自然资源或者文化遗产保护；
- 法律、行政法规规定禁止的其他情形。

7.4.1.2 医疗、药品、医疗器械、保健食品、农药、兽药、农业转基因生物、特殊医学用途配方食品等内容相关的广告，发布前应取得相关部门广告审查证明文件的产品或服务。见表2。

表 2

序号	广告类别	政府部门批准文件
1	医疗广告	查验卫生管理部门或者中医药管理部门出具的《医疗广告审查证明》
2	药品广告	查验食药管理部门出具的《药品广告审查表》和药品广告审查批准文号
3	医疗器械广告	查验食药管理部门出具的《医疗器械广告审查表》和医疗器械广告审查批准文号
4	保健食品广告	查验食药管理部门出具的《保健食品广告审查表》和保健食品广告审查批准文号
5	农药广告	查验农业管理部门出具的《农药广告审查表》和农药广告审查批准文号
6	兽药广告	查验农业管理部门出具的《兽药广告审查表》和兽药广告审查批准文号
7	农业转基因生物广告	查验国务院农业行政主管部门出具的审查批准文件
8	特殊医学用途配方食品广告	查验食药管理部门出具的审查批准文件
9	法律法规规定其他需经审查的广告	查验相应法律、行政法规规定的审查机关出具的审查批准证明（文件）

7.4.2 住宅物业管理

住宅物业的梯媒广告内容和特殊产品信息内容的审核与发布，应符合以下要求：
—— 应高度关切青少年儿童人群信息环境的健康问题；
—— 对可能产生不良影响的广告内容应严格审查把控；
—— 商品或服务广告不宜涉及性传播疾病治疗、性功能改善和增强、殡葬及过度暴露人体等内容。

7.4.3 非住宅物业管理

非住宅物业的梯媒广告内容和特殊类产品信息内容的审核与发布，应按照相关广告法律法规、管理条例执行。

8 广告发布要求

8.1 基本要求

广告经营（发布）方应拒绝设计、代理、制作、发布未通过审查的广告发布需求。对修改的广告发布需求，应重新执行审查程序。

8.2 播放音量

不同时间段内，梯媒广告的播放声音要求见表3。

表 3　梯媒广告声音要求

物业类型	广告位置	时　　间	声音要求
住宅物业	电梯轿厢内广告	6：00—22：00	≤ 35 dB
		22：00—次日 6：00	宜静默播放
	电梯等候区广告	6：00—22：00	≤ 50 dB
		22：00—次日 6：00	≤ 20 dB
非住宅物业	电梯轿厢内广告	6：00—22：00	≤ 40 dB
		22：00—次日 6：00	≤ 20 dB
	电梯等候区广告	6：00—22：00	≤ 60 dB
		22：00—次日 6：00	≤ 40 dB

8.3 投诉处理

8.3.1 投诉流程图如图 2 所示。

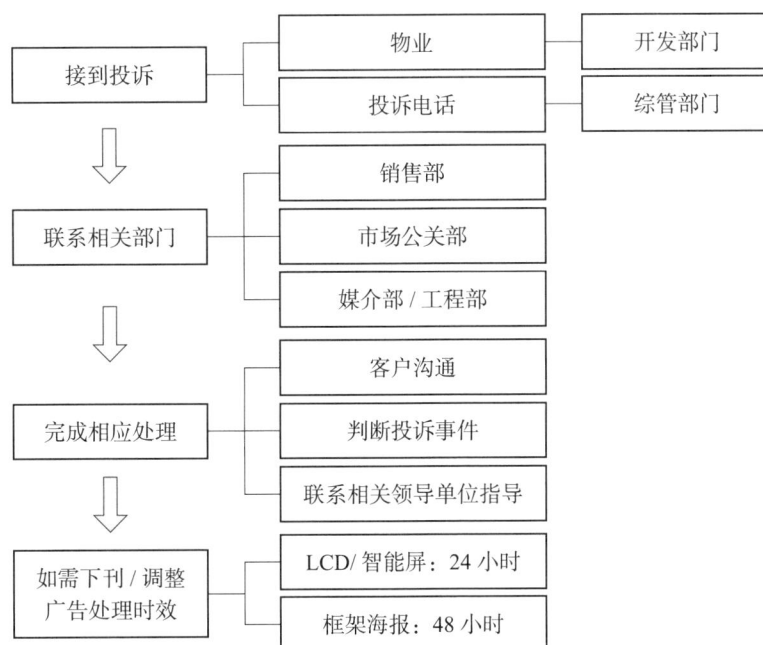

图 2　投诉流程图

8.3.2 电梯广告位出租方应对广告的发布进行监督，若有违反相关规定，应劝导和督促广告经营（发布）方限期整改。

8.3.3 广告经营（发布）方应在广告发布设施上提供投诉方式。接到广告投诉后，LCD/智能屏应在24小时内、框架海报在48小时内完成响应处理。

8.3.4 梯媒广告区域的公共场所归小区全体业主所有，物业管理企业、业主及其他梯媒广告受众，若认为梯媒广告内容不妥，可向物业管理企业投诉，或直接向广告经营（发布）方投诉，要求物业管理企业及时协商处理。广告经营（发布）方若不接受监督、投诉劝导或未在限期时间内进行处理整改，投诉方可向政府相关监督管理部门进行举报。

9 运维管理

9.1 信息安全

9.1.1 个人信息安全

广告经营（发布）方与物业管理企业无权、过度或通过非法路径采集业主个人、家庭及其他隐私信息等，任何出于广告业务经营和发布需要的行为，都应以不侵犯业主公民的隐私权为前提，基于大数据平台获取的业主相关数据和信息隐私等应保证其信息使用与管理安全，规避信息安全风险，切实保护业主个人隐私权益。

9.1.2 发布风险管理

广告经营（发布）方与物业管理企业应明确对梯媒广告发布设施的信息安全风险监管和管理职责，提高梯媒广告发布设施在数字化、网络化运行管理中的安全性保障和应急管理能力，高效及时地发布自然灾害气象预警、危机处置、应急救援和安全管理等公共安全信息，确保运营管理平台上能够实现"一键关闭与切换"功能，以应对可能出现的网络信息侵入与发布的安全风险。

9.2 设施维护

9.2.1 广告发布设施所有权单位应对广告发布设施进行维护保养，广告位租赁服务合同终止后应及时拆除。对未在约定时限内拆除的广告发布设施，电梯广告位出租方可进行处理。

9.2.2 广告发布设施巡检应至少每周一次。若发现有影响美观，固定松动、不平整、边缘翘起等影响安全使用的情况，应及时维护或更换。

9.2.3 广告发布设施维护应至少每月一次，显示屏保养应至少每年一次。

附　录　A

（规范性）

梯媒广告业务审查表

见表 A.1。

表 A.1　梯媒广告业务审查表

委托方			
联系人		联系电话	
广告类型		广告形式	
主要内容			
审查内容			审查情况
1. 广告业务书面合同是否齐全			
2. 委托方主体资格证明文件是否齐全、合法；是否具备与广告内容相匹配的经营资格			
3. 有关部门审查批准文件或者其他证明文件是否齐全、有效；审查批准文件、其他证明文件与广告内容、形式等是否一致			
4. 广告内容是否真实、合法，是否符合《中华人民共和国广告法》等法律法规规章要求，是否符合社会主义精神文明建设要求			
5. 广告表现形式和语言文字使用是否符合规定			
6. 广告计量单位使用是否为国家法定计量单位			
7. 属于发布业务的，是否符合广告发布的规定			
8. 使用他人名义或者形象，以及代言人是否符合规定			
9. 其他			
审查意见	签字：　　　　　　　　　　　　　　日期：		
注：审查情况中，符合条件的，审查情况栏打"√"，不符合条件的，说明理由。			